V

INSTRUCTIONS

POUR

LES GARDES NATIONALES

DE LA

RÉPUBLIQUE FRANÇAISE,

CONTENANT :

L'école du soldat et du peloton, d'après l'ordonnance d'infanterie, du 4 mars 1831 ; la loi sur l'organisation de la garde nationale, et les décrets du Gouvernement provisoire sur le service dans les postes, rondes, patrouilles, mots d'ordre, etc. Le maniement des armes pour les sous-officiers ; celui du sabre pour les officiers. L'instruction pour les tambours. La manière de nettoyer les galons d'argent, de blanchir les buffleteries, de fabriquer la cire à giberne et de l'appliquer, de confectionner les cartouches, de démonter et remonter le fusil, etc.

AVEC PLANCHES.

PARIS
LIBRAIRIE POPULAIRE DES VILLES ET DES CAMPAGNES,
RUE DES MAÇONS-SORBONNE, 17.
1848.

INTRODUCTION.

S'il est indispensable à tout garde national de connaître le maniement des armes, les diverses marches et manœuvres, on ne saurait néanmoins astreindre les citoyens au régime des jeunes soldats ou recrues, et leur faire passer un temps précieux à tourner la tête à droite et à gauche et à apprendre à marcher. Nous avons donc cru utile de dégager ici l'école du soldat et l'école de peloton de tout ce qui ne peut être regardé que comme des conditions indispensables à la parfaite instruction des soldats proprement dits. Le maniement du fusil et de la baïonnette, la charge en douze temps, marcher en colonne, en bataille, rompre en colonne par section, rompre et former le peloton, et quelques autres manœuvres, voilà ce qu'il est important de savoir. La charge à volonté est la charge de combat, et quiconque saura la charge en douze temps chargera à volonté d'une manière régulière.

Le maniement des armes pour les sous-officiers, celui du sabre pour les officiers, l'instruction pour les tambours, le service des postes et divers détails appropriés à la tenue et aux travaux du soldat complètent notre ouvrage.

INSTRUCTIONS
POUR LES GARDES NATIONALES
DE LA
RÉPUBLIQUE FRANÇAISE.

LOI SUR LA GARDE NATIONALE.

TITRE PREMIER.

Dispositions générales.

ARTICLE PREMIER. — La garde nationale est instituée pour défendre la royauté constitutionnelle, la Charte et les droits qu'elle a consacrés ; pour maintenir l'obéissance aux lois, conserver ou rétablir l'ordre et la paix publics, seconder l'armée de ligne dans la défense des frontières et des côtes, assurer l'indépendance de la France et l'intégrité de son territoire.

Toute délibération prise par la garde nationale sur les affaires de l'Etat, du département et de la commune, est une atteinte à la liberté publique, et un délit contre la chose publique et la constitution.

2. La garde nationale est composée de tous les Français, sauf les exceptions ci-après.

3. Le service de la garde nationale consiste :

1° En service ordinaire dans l'intérieur de la commune ;

2° En service de détachement hors du territoire de la commune ;

3° En service de corps détachés pour seconder l'armée de ligne dans les limites fixées par l'art. 1.

4. Les gardes nationales seront organisées dans tout le royaume ; elles le seront par commune.

Les compagnies communales d'un canton seront formées en bataillons cantonaux lorsqu'une ordonnance du roi l'aura prescrit.

5. Cette organisation sera permanente ; toutefois le roi pourra suspendre ou dissoudre la garde nationale en des lieux déterminés.

Dans ces deux cas, la garde nationale sera remise en activité ou réorganisée dans l'année qui s'écoulera à compter du jour de la suspension ou de la dissolution, s'il n'est pas intervenu une loi qui prolonge ce délai.

Dans le cas où la garde nationale résisterait aux réquisitions légales des autorités, ou bien s'immiscerait dans les actes des autorités municipales, administratives ou judiciaires, le préfet pourra provisoirement la suspendre.

Cette suspension n'aura d'effet que pendant deux mois, si, pendant cet espace de temps, elle n'est pas maintenue, ou si la dissolution n'est pas prononcée par le roi.

6. Les gardes nationales sont placées sous l'autorité des maires, des sous-préfets, des préfets et du ministre de l'intérieur.

Lorsque la garde nationale sera réunie en tout ou en partie au chef-lieu du canton, ou dans une autre commune que le chef-lieu du canton, elle sera sous l'autorité du maire de la commune où sa réunion aura lieu d'après les ordres du sous-préfet ou du préfet.

Sont exceptés les cas, déterminés par les lois, où les gardes nationales sont appelées à faire, dans leur commune ou dans leur canton, un service d'activité militaire, et sont mises par l'autorité civile sous les ordres de l'autorité militaire.

7. Les citoyens ne pourront ni prendre les armes, ni se rassembler en état de gardes nationales, sans l'ordre des chefs immédiats, ni ceux-ci donner cet ordre sans une réquisition de l'autorité civile, dont il sera donné communication à la tête de la troupe.

8. Aucun officier ou commandant de poste de la garde nationale ne pourra faire distribuer des cartouches aux citoyens armés, si ce n'est en cas de réquisition précise; autrement il demeurera responsable des événements.

TITRE II.

SECTION I. — *De l'obligation du service.*

9. Tous les Français âgés de vingt ans sont appelés au service de la garde nationale, dans le lieu de leur domicile réel : ce service est obligatoire et personnel, sauf les exceptions qui sont établies ci-après.

10. Pourront être appelés à faire le service les étrangers admis à la jouissance des droits civils, conformément à l'art. 13 du Code civil, lorsqu'ils auront acquis une propriété en France, ou qu'ils y auront formé un établissement.

11. Le service de la garde nationale est incompatible avec les fonctions des magistrats qui ont le droit de requérir la force publique.

12. Ne seront pas appelés à ce service :

1° Les ecclésiastiques engagés dans les ordres, les ministres des différents cultes, les élèves des grands séminaires et des facultés de théologie;

2° Les militaires des armées de terre et de mer en activité de service, ceux qui auront reçu une destination des ministres de la guerre ou de la marine; les administrateurs ou agents commissionnés des services de terre et de mer également en activité; les ouvriers des ports, des arsenaux et des manufactures d'armes, organisés militairement. Ne sont pas compris dans cette dispense les commis et employés des bureaux de la marine au-dessous du grade de sous-commissaire;

3o Les officiers, sous-officiers et soldats des gardes municipales et autres corps soldés;

4o Les préposés des services actifs des douanes, des octrois, des administrations sanitaires, les gardes champêtres et forestiers.

13. Sont exceptés du service de la garde nationale les concierges des maisons d'arrêt, les geôliers, les guichetiers et autres agents subalternes de justice ou de police.

Le service de la garde nationale est interdit aux individus privés de l'exercice des droits civils, conformément aux lois.

Sont exclus de la garde nationale :

1o Les condamnés à des peines afflictives ou infamantes ;

2o Les condamnés en police correctionnelle pour vol, escroquerie; pour banqueroute simple, abus de confiance; pour soustraction commise par des dépositaires publics, et pour attentat aux mœurs, prévus par les articles 331 et 334 du Code pénal;

3o Les vagabonds ou gens sans aveu déclarés tels par jugement.

Section II. — *De l'inscription au registre-matricule.*

14. Les Français appelés au service de la garde nationale seront inscrits sur un registre-matricule établi dans chaque commune.

A cet effet, des listes de recensement seront

dressées par le maire et révisées par un conseil de recensement, comme il est dit ci-après.

Ces listes seront déposées au secrétariat de la mairie; les citoyens seront avertis qu'ils peuvent en prendre connaissance.

15. Il y aura au moins un conseil de recensement par commune.

Dans les communes rurales et dans les villes qui ne forment pas plus d'un canton, le conseil municipal, présidé par le maire, remplira les fonctions de conseil de recensement.

Dans les villes qui renferment plusieurs cantons, le conseil municipal pourra s'adjoindre un certain nombre de personnes choisies à nombre égal dans les divers quartiers, parmi les citoyens qui sont ou qui seront appelés à faire le service de la garde nationale.

Le conseil municipal et les membres adjoints pourront se subdiviser, suivant les besoins, en autant de conseils de recensement qu'il y aura d'arrondissements.

Dans ce cas, un des conseils sera présidé par le maire; chacun des autres le sera par l'adjoint ou le membre du conseil municipal délégué par le maire.

Ces conseils seront composés de huit membres au moins.

A Paris, il y aura par arrondissement un conseil de recensement présidé par le maire de l'arrondissement et composé de huit membres choisis par lui, comme il est dit au troisième paragraphe de cet article.

16. Le conseil de recensement procèdera immédiatement à la révision des listes et à l'établissement du registre-matricule.

17. Au mois de janvier de chaque année, le conseil de recensement inscrira au registre-matricule les jeunes gens qui seront entrés dans leur vingtième année pendant le cours de l'année précédente, ainsi que les Français qui auront nouvellement acquis leur domicile dans la commune ; il rayera dudit registre les Français qui seront entrés dans leur soixantième année pendant le cours de la même année, ceux qui auront changé de domicile, et les décédés.

Toutefois le service ne sera pas exigé avant l'âge de vingt ans accomplis.

18. Dans le courant de chaque année, le maire notera, en marge du registre-matricule, les mutations provenant 1° des décès, 2° des changements de résidence, 3° des actes en vertu desquels les personnes désignées dans les articles 11, 12 et 13 auraient cessé d'être soumises au service de la garde nationale ou en seraient exclues.

Le conseil de recensement, sur le vu des pièces justificatives, prononcera, s'il y a lieu, la radiation.

Le registre-matricule, déposé au secrétariat de la mairie, sera communiqué à tout habitant de la commune qui en fera la demande au maire.

TITRE III.

DU SERVICE ORDINAIRE.

SECTION I. — *De l'inscription au contrôle du service ordinaire et de réserve.*

19. Après avoir établi le registre-matricule, le conseil de recensement procèdera à la formation du contrôle du service ordinaire et du contrôle de réserve.

Le contrôle de service ordinaire comprendra tous les citoyens que le conseil de recensement jugera pouvoir concourir au service habituel.

Néanmoins, parmi les Français inscrits sur le registre-matricule, ne pourront être portés sur le contrôle du service ordinaire que ceux qui sont imposés à la contribution personnelle, et leurs enfants, lorsqu'ils auront atteint l'âge fixé par la loi, ou les gardes nationaux non imposés à la contribution personnelle, mais qui, ayant fait le service postérieurement au premier août dernier, voudront le continuer.

Le contrôle de réserve comprendra tous les citoyens pour lesquels le service ordinaire serait une charge trop onéreuse, et qui ne voudront être requis que dans les circonstances extraordinaires.

20. Ne seront pas portés sur les contrôles du service ordinaire les domestiques attachés au service de la personne.

21. Les compagnies et subdivisions de compa-

gnie sont formées sur les contrôles du service ordinaire. Les citoyens inscrits sur les contrôles de réserve seront répartis à la suite desdites compagnies ou subdivisions de compagnie, de manière à pouvoir y être incorporés au besoin.

22. Les inscriptions et les radiations à faire sur les contrôles auront lieu d'après les règles suivies pour les inscriptions et radiations opérées sur les registres matricules.

23. Il sera formé, à la diligence du juge de paix, dans chaque canton, un jury de révision composé du juge de paix, président, et de douze jurés désignés par le sort, sur la liste de tous les officiers, sous-officiers, caporaux et gardes nationaux sachant lire et écrire, et âgés de plus de vingt-cinq ans.

Il sera dressé une liste par commune de tous les officiers, sous-officiers et gardes nationaux ainsi désignés ; le tirage définitif des jurés sera fait sur l'ensemble de ces listes pour tout le canton.

24. Le tirage des jurés sera fait par le juge de paix en audience publique. Les fonctions de juré et celles de membre du conseil de recensement sont incompatibles.

Les jurés seront renouvelés tous les six mois.

25. Ce jury prononcera sur les réclamations relatives.

1° A l'inscription ou à la radiation sur les registres-matricules, ainsi qu'il est dit art. 14 ;

2° A l'inscription ou à l'omission sur le contrôle du service ordinaire.

Seront admises les réclamations des tiers gardes nationaux sur qui retomberait la charge du service.

Ce jury exercera en outre les attributions qui lui seront spécialement confiées par les dispositions subséquentes de la présente loi.

26. Le jury ne pourra prononcer qu'au nombre de sept membres au moins, y compris le président.

Ses décisions seront prises à la majorité absolue, et ne seront susceptibles d'aucun recours.

SECTION II. — *Des remplacements, des exemptions, des dispenses du service ordinaire.*

27. Le service de la garde nationale étant obligatoire et personnel, le remplacement est interdit pour le service ordinaire, si ce n'est entre les proches parents, savoir : du père par le fils, du frère par le frère, de l'oncle par le neveu, et réciproquement, ainsi qu'entre alliés aux mêmes degrés, à quelque compagnie ou bataillon qu'appartiennent les parents et alliés.

Les gardes nationaux de la même compagnie qui ne sont ni parents ni alliés aux degrés ci-dessus désignés, pourront seulement échanger leur tour de service.

28. Peuvent se dispenser du service de la garde nationale, nonobstant leur inscription :

1o Les membres des deux chambres ;

2o Les membres des cours et tribunaux ;

3o Les anciens militaires qui ont cinquante ans d'âge et vingt années de service ;

4o Les gardes nationaux ayant cinquante-cinq ans ;

5o Les facteurs de poste aux lettres, les agents des lignes télégraphiques, et les postillons de l'administration des postes reconnus nécessaires au service.

29. Sont dispensés du service ordinaire, les personnes qu'une infirmité met hors d'état de faire le service.

Toutes ces dispenses et toutes les autres dispenses temporaires demandées pour cause d'un service public, seront prononcées par le conseil de recensement sur le vu des pièces qui en constateront la nécessité.

Les absences constatées seront un motif suffisant de dispense temporaire.

En cas d'appel, le jury de révision statuera.

SECTION III. — *Formation de la garde nationale; composition des cadres.*

30. La garde nationale sera formée dans chaque commune par subdivisions de compagnie, par compagnies, par bataillons et par légions.

La cavalerie de la garde nationale sera formée dans chaque commune ou dans le canton, par subdivisions d'escadron et par escadrons.

Chaque bataillon aura son drapeau, et chaque escadron son étendard.

31. Dans chaque commune, la formation en compagnie se fera de la manière suivante :

Dans les villes, chaque compagnie sera composée, autant que possible, des gardes nationaux du même quartier ; dans les communes rurales, les gardes nationaux de la même commune forment une ou plusieurs compagnies, ou une subdivision de compagnie.

32. La répartition en compagnies ou en subdivisions de compagnie des gardes nationaux inscrits sur le contrôle du service ordinaire, sera faite par le conseil de recensement.

§ Ier — *Formation des compagnies.*

33. Il y aura par subdivision de compagnies de gardes nationaux à pied de toutes armes :

	Jusqu'à 14;	15 à 20;	20 à 30;	30 à 40;	40 à 50
Lieutenant.	»	»	»	1	1
S.-lieutenant.	»	1	1	1	1
Sergents.	1	1	2	2	3
Caporaux.	1	2	4	5	6
Tambours.	»	»	»	1	1

34. La force ordinaire des compagnies sera de soixante à deux cents hommes : néanmoins, la commune qui n'aura que cinquante à soixante gardes nationaux, formera une compagnie.

35. Il y aura par compagnie de garde nationale à pied de toutes armes :

	De 50 à 80;	80 à 100;	100 à 140;	140 à 200.
Capit. en 1er	1	1	1	1
Capit. en 2e	»	»	»	1
Lieutenants.	1	1	2	2
S.-lieutenants.	1	2	2	2
Sergent-major.	1	1	1	1
Sergent-four.	1	1	1	1
Sergents.	4	6	6	8
Caporaux.	8	12	12	16
Tambours.	1	2	2	2

36. Il pourra être formé une garde à cheval dans les cantons ou communes où cette formation serait jugée utile au service, et où se trouveraient au moins dix gardes nationaux qui s'engageraient à s'équiper à leurs frais, et à entretenir chacun un cheval.

37. Il y aura par subdivision d'escadron et par escadron :

	Jusqu'à 17;	17 à 30;	30 à 40;	40 à 50;	50 à 70;	70 à 100;	100 à 120
Cap. 1er	»	»	»	»	»	1	[et au-d.]
Cap. 2e	»	»	»	»	»	»	1
Lieuten.	»	»	1	1	1	2	2
S.-lieut.	»	1	1	1	2	2	2
M.d.l.c.	»	»	»	»	»	1	1
Fourrier.	»	»	»	»	»	1	1
Mar.d.l.	1	2	2	3	4	4	8
Brigad.	2	4	4	6	8	8	16
Trompet.	»	»	1	1	1	1	2

38. Dans toutes les places de guerre et dans les cantons voisins des côtes, il sera formé des compagnies ou des subdivisions de compagnie d'artillerie.

A Paris, et dans les autres villes, une ordonnance du roi pourra prescrire la formation et l'armement de compagnies ou de subdivisions de compagnie d'artillerie. L'ordonnance réglera l'organisation, la réunion ou la répartition des compagnies.

39. Les artilleurs seront choisis par le conseil de recensement parmi les gardes nationaux qui se présenteraient volontairement, et qui réuniraient, autant que possible, les qualités exigées pour entrer dans l'artillerie.

40. Partout où il n'existe pas de corps soldés de sapeurs-pompiers, il sera, autant que possible, formé par le conseil de recensement des compagnies ou subdivisions de compagnie de sapeurs-pompiers volontaires, faisant partie de la garde nationale. Elles seront composées principalement d'anciens officiers et soldats du génie militaire, d'officiers et agents des ponts et chaussées et des mines, et d'ouvriers d'art.

41. Dans les ports de commerce et dans les cantons maritimes, il pourra être formé des compagnies spéciales de marins et d'ouvriers marins ayant pour service ordinaire la protection des navires et du matériel maritime situé sur les côtes et dans les ports.

42. Toutes les compagnies spéciales concourront par armes et suivant leur force numérique au service ordinaire de la garde nationale.

§ 2. — *Formation des bataillons.*

43. Le bataillon sera formé de quatre compagnies au moins et huit au plus.

44. L'état-major du bataillon sera composé :
d'un chef de bataillon,
d'un adjudant-major capitaine,
d'un porte-drapeau sous-lieutenant;
d'un chirurgien-aide-major,
d'un adjudant-sous-officier,
d'un tambour-maître.

A Paris, lorsque la force effective d'un bataillon sera de mille hommes et plus, il pourra avoir un chef de bataillon en second et un deuxième adjudant sous-officier.

45. Dans toutes les communes où le nombre des gardes nationaux inscrits sur le contrôle du service ordinaire s'élèvera à plus de cinq cents hommes, la garde nationale sera formée par bataillons.

Lorsque, dans le cas prévu par l'article 4, une ordonnance du roi aura prescrit la formation en bataillons des gardes nationales de plusieurs communes, cette ordonnance indiquera les communes dont les gardes nationales doivent participer à la formation du même bataillon.

La compagnie ou les compagnies d'une commune

ne pourront jamais être réparties dans des bataillons différents.

46. Les bataillons formés par les gardes nationales d'une même commune pourront seuls avoir chacun une compagnie de grenadiers et une de voltigeurs.

47. Les compagnies de sapeurs-pompiers et de canonniers volontaires ne seront pas comprises dans la formation des bataillons de garde nationale; elles seront cependant, ainsi que les compagnies de cavalerie, sous les ordres du commandant de la garde communale ou cantonale.

§ 3. — *Formation des légions.*

48. Dans les cantons et dans les villes où la garde nationale présente au moins deux bataillons de cinq cents hommes chacun, elle pourra, d'après une ordonnance du roi, être réunie par légions.

Dans aucun cas, la garde nationale ne pourra être formée par département ni par arrondissement de sous-préfecture.

49. L'état-major d'une légion sera composé :

d'un chef de légion colonel,
d'un lieutenant-colonel,
d'un major chef de bataillon,
d'un chirurgien-major.
d'un tambour-major.

A Paris et dans les villes où la nécessité en sera reconnue, il pourra y avoir près des légions un officier payeur et un capitaine d'armement.

SECTION IV. — *De la nomination aux grades.*

50. Dans chaque commune, les gardes nationaux appelés à former une compagnie ou subdivision de compagnie se réuniront sans armes et sans uniforme pour procéder, en présence du président du conseil de recensement, assisté par les deux membres les plus âgés de ce conseil, à la nomination de leurs officiers, sous-officiers, et caporaux, suivant les tableaux des articles 33, 35 et 37.

Si plusieurs communes sont appelées à former une compagnie, les gardes nationaux de ces communes se réuniront dans la commune la plus populeuse pour nommer leur capitaine, leur sergent-major et leur fourrier.

51. L'élection des officiers aura lieu pour chaque grade successivement, en commençant par le plus élevé, au scrutin individuel et secret, à la majorité absolue des suffrages.

Les sous-officiers et caporaux seront nommés à la majorité relative.

Le scrutin sera dépouillé par le président du conseil de recensement, assisté comme il est dit dans l'article précédent, par au moins deux membres de ce conseil, lesquels rempliront les fonctions de scrutateurs.

52. Dans les villes et communes qui ont plus d'une compagnie, chaque compagnie sera appelée séparément et tour à tour pour procéder à ses élections.

53. Pour nommer le chef de bataillon et le porte-

drapeau, tous les officiers du bataillon réunis à pareil nombre de sous-officiers, caporaux ou gardes nationaux, formeront une assemblée convoquée et présidée par le maire de la commune, si le bataillon est communal, et par le maire, délégué du sous-préfet, si le bataillon est cantonal.

Les sous-officiers, caporaux et gardes nationaux chargés de concourir à l'élection, seront nommés dans chaque compagnie.

Tous les scrutins d'élection seront individuels et secrets ; il faudra majorité absolue des suffrages.

54. Les réclamations élevées relativement à l'inobservation des formes prescrites pour l'élection des officiers et sous-officiers seront portées devant le jury de révision, qui décidera sans recours.

55. Si les officiers de tout grade, élus conformément à la loi, ne sont pas, au bout de deux mois, complètement armés, équipés et habillés suivant l'uniforme, ils seront considérés comme démissionnaires et remplacés sans délai.

56. Les chefs de légion et les lieutenants-colonels seront choisis par le roi, sur une liste de dix candidats présentés, à la majorité relative, par la réunion, 1° de tous les officiers de la légion ; 2° de tous les sous-officiers, caporaux et gardes nationaux désignés dans chacun des bataillons de la légion pour concourir au choix du chef de bataillon, comme il est dit article 53.

57. Les adjudants-majors, chirurgiens-majors et aides-majors, seront nommés par le roi.

L'adjudant sous-officier sera nommé par le chef de légion ou de bataillon.

Le capitaine d'armement et l'officier payeur seront nommés par le commandant supérieur ou le préfet, sur la présentation du chef de légion.

58. Il sera nommé aux emplois autres que ceux désignés ci-dessus, sur la présentation du chef de corps, savoir :

Par le maire, lorsque la garde nationale sera communale.

Et par le sous-préfet pour les bataillons cantonaux.

59. Dans chaque commune, le maire fera connaître à la garde nationale assemblée sous les armes le commandant de cette garde. Celui-ci, en présence du maire, fera reconnaître les officiers.

Les fonctions du maire seront remplies, à Paris, par le préfet.

Pour les compagnies et bataillons qui comprennent plusieurs communes, le sous-préfet, sous-délégué, fera reconnaître l'officier commandant, en présence de la compagnie ou du bataillon assemblé.

Dans le mois de la promulgation de la loi, les officiers de tout grade, actuellement en fonctions, et à l'avenir ceux nouvellement élus au moment où ils seront reconnus, prêteront serment de fidélité au roi des Français et d'obéissance à la charte constitutionnelle et aux lois du royaume.

60. Les officiers, sous-officiers et caporaux, seront élus pour trois ans. Ils pourront être réélus.

61. Sur l'avis du maire et du sous-préfet, tout officier de la garde nationale pourra être suspendu de ses fonctions pendant deux mois, par arrêt motivé du préfet, pris en conseil de préfecture, l'officier préalablement entendu dans ses observations.

L'arrêté du préfet sera transmis immédiatement par lui au ministre de l'intérieur.

Sur le rapport du ministre, la suspension pourra être prolongée par une ordonnance du roi.

Si dans le cours d'une année ledit officier n'a pas été rendu à ses fonctions, il sera procédé à une nouvelle élection.

62. Aussitôt qu'un emploi quelconque deviendra vacant, il sera pourvu au remplacement, suivant les formes établies par la présente loi.

63. Les corps spéciaux suivront, pour leur formation et pour l'élection de leurs officiers, sous-officiers et caporaux, les règles prescrites par les articles 33 et suivants.

64. Dans les communes où la garde nationale formera plusieurs légions, le roi pourra nommer un commandant supérieur.

Il ne pourra être nommé de commandant supérieur des gardes nationales de tout un département, ou d'un même arrondissement de sous-préfecture. Cette disposition n'est pas applicable au département de la Seine.

65. Lorsque le roi aura jugé à propos de nommer dans une commune un commandant supérieur l'état-major sera fixé, quant au nombre et aux grades des officiers qui devront le composer, par ordonnance du roi.

Les officiers d'état-major seront nommés par le roi, sur la présentation du commandant supérieur, qui ne pourra choisir les candidats que parmi les gardes nationaux de la commune.

66. Il ne pourra y avoir dans la garde nationale aucun grade sans emploi.

67. Aucun officier, exerçant un emploi actif dans les armées de terre ou de mer, ne pourra être nommé officier ni commandant supérieur des gardes nationales en service ordinaire.

SECTION V. — *De l'uniforme, des armes et des préséances.*

68. L'uniforme des gardes nationales sera déterminé par une ordonnance du roi : les signes distinctifs des grades seront les mêmes que ceux de l'armée.

69. Lorsque le gouvernement jugera nécessaire de délivrer des armes de guerre aux gardes nationales, le nombre d'armes reçues sera constaté dans chaque municipalité, au moyen d'états émargés par

les gardes nationaux à l'instant où les armes seront délivrées.

L'entretien de l'armement est à la charge du garde national, et les réparations, en cas d'accident causé par le service, sont à la charge de la commune.

Les gardes nationaux et les communes sont responsables des armes qui leur auront été délivrées ; ces armes restent la propriété de l'État.

Les armes seront poinçonnées et numérotées.

70. Les diverses armes dont se compose la garde nationale sont assimilées, pour le rang à conserver entre elles, aux armes correspondantes des forces régulières.

71. Toutes les fois que la garde nationale sera réunie, les différents corps prendront la place qui leur sera assignée par le commandant supérieur.

72. Dans tous les cas où les gardes nationales serviront avec les corps soldés, elles prendront le rang sur eux.

Le commandement dans les fêtes ou cérémonies civiles appartiendra à celui des officiers des divers corps qui aura la supériorité du grade, ou, à grade égal, à celui qui sera le plus ancien.

SECTION VI. — *Ordre du service ordinaire.*

73. Le règlement relatif au service ordinaire, aux revues et aux exercices, sera arrêté par le maire,

sur la proposition du commandant de la garde nationale, et approuvé par le sous-préfet.

Les chefs pourront, en se conformant à ce règlement et sans réquisition particulière, mais après en avoir prévenu l'autorité municipale, faire toutes les dispositions et donner tous les ordres relatifs au service ordinaire, aux revues et aux exercices.

Dans les villes de guerre, la garde nationale ne pourra prendre les armes ni sortir des barrières qu'après que le maire en aura été informé par écrit par le commandant de la place.

74. Lorsque la garde nationale des communes sera organisée en bataillons cantonaux, le règlement sur les exercices et revues sera arrêté par le sous-préfet, sur la proposition de l'officier le plus élevé en grade du canton, et sur l'avis des maires des communes.

75. Le préfet pourra suspendre les revues et exercices dans les communes et dans les cantons de son département, à la charge d'en rendre immédiatement compte au ministre de l'intérieur.

76. Pour l'ordre du service, il sera dressé par les sergents-majors un contrôle de chaque compagnie, signé du capitaine, et indiquant les jours où chaque garde national aura fait un service.

77. Dans les communes où la garde nationale est organisée par bataillons, l'adjudant-major tiendra un état, par compagnie, des hommes commandés chaque jour dans son bataillon.

Cet état servira à contrôler le rôle de chaque compagnie.

78. Tout garde national commandé pour le service devra obéir, sauf à réclamer, s'il s'y croit fondé, devant le chef du corps.

SECTION VII. — *De l'Administration.*

79. La garde nationale est placée, pour son administration et sa comptabilité, sous l'autorité administrative et municipale.

Les dépenses de la garde nationale sont votées, réglées et surveillées comme toutes les autres dépenses municipales.

80. Il y aura, dans chaque légion ou dans chaque bataillon formé par les gardes nationaux d'une même commune, un conseil d'administration chargé de présenter annuellement au maire l'état des dépenses nécessaires et de viser les pièces justificatives de l'emploi fait des fonds.

Le conseil sera composé du commandant de la garde nationale, qui présidera, et de six membres choisis parmi les officiers, sous-officiers et gardes nationaux.

Il y aura également par bataillon cantonal un conseil d'administration chargé des mêmes fonctions, et qui devra présenter au sous-préfet l'état des dépenses résultant de la formation du bataillon.

Les membres du conseil d'administration seront nommés par le préfet, sur une liste triple de candidats présentés par le chef de légion, ou par le chef de bataillon dans les communes où il n'est pas formé de légion.

Dans les communes où la garde nationale comprendra une ou plusieurs compagnies non réunies en bataillon, l'état des dépenses sera soumis au maire par le commandant de la garde nationale.

81. Les dépenses ordinaires de la garde nationale sont :

1o Les frais d'achat des drapeaux, des tambours et des trompettes ;

2o La partie d'entretien des armes qui ne sera pas à la charge individuelle des gardes nationaux ;

3o Les frais de registre, papiers, contrôles, billets de garde, et tous les menus frais de bureau qu'exigera le service de la garde nationale.

Les dépenses extraordinaires sont :

1o Dans les villes qui, d'après l'article 64, recevront un commandant supérieur, les frais d'indemnité pour dépenses indispensables de ce commandant et de son état-major ;

2o Dans les communes et les cantons où seront formés des bataillons ou légions, les appointements des majors, adjudants-majors et adjudants sous-officiers, si ces fonctions ne peuvent pas être exercées gratuitement ;

3o L'habillement et la solde des tambours et trompettes ;

Les conseils municipaux jugeront de la nécessité de ces dépenses.

Lorsqu'il sera créé des bataillons cantonaux, la répartition de la portion adhérente à chaque commune du canton dans les dépenses du bataillon autres que celles des compagnies, sera faite par le préfet en conseil de préfecture, après avoir pris l'avis des conseils municipaux.

SECTION VIII. § 1. *Des peines.*

82. Les chefs de poste pourront employer contre les gardes nationaux de service les moyens de répression qui suivent :

1° Une faction hors de tour contre tout garde national qui aura manqué à l'appel, ou se sera absenté du poste sans autorisation ;

2° La détention dans la prison du poste, jusqu'à la relevée de la garde, contre tout garde national de service en état d'ivresse, ou qui se sera rendu coupable de bruit, tapage, voies de fait, ou de provocation au désordre ou à la violence, sans préjudice du renvoi au conseil de discipline, si le fait emporte une punition plus grave.

83. Sur l'ordre du chef du corps, indépendamment du service régulièrement commandé, que le garde national, le caporal ou le sous-officier doit accomplir, il sera tenu de monter une garde hors de tour lorsqu'il aura manqué pour la première fois au service.

84. Les conseils de discipline pourront, dans

les cas énumérés ci-après, infliger les peines suivantes :

1° La réprimande;

2° Les arrêts pour trois jours au plus ;

3° La réprimande avec mise à l'ordre;

4° La prison pour trois jours au plus ;

5° La privation du grade.

Si, dans les communes où s'étend la juridiction du conseil de discipline, il n'existe ni prison, ni local pouvant en tenir lieu, ce conseil pourra commuer la peine de prison en une amende d'une journée à dix journées de travail.

85. Sera puni de la réprimande l'officier qui aura commis une infraction, même légère, aux règles du service.

86. Sera puni de la réprimande, avec mise à l'ordre, l'officier qui, étant de service ou en uniforme, tiendra une conduite propre à porter atteinte à la discipline de la garde nationale ou à l'ordre public.

87. Sera puni des arrêts ou de la prison, suivant la gravité des cas, tout officier qui, étant de service, se rendra coupable des fautes suivantes :

1° La désobéissance et l'insubordination ;

2° Le manque de respect, les propos offensants et les insultes envers des officiers d'un grade supérieur ;

3° Tout propos outrageant envers un subordonné, et tout abus d'autorité ;

4° Tout manquement à un service commandé;

5o Toute infraction aux règles de service.

88. Les peines énoncées dans les articles 85 et 86 pourront, dans les mêmes cas, et suivant les circonstances, être appliquées aux sous-officiers, caporaux et gardes nationaux.

89. Pourra être puni de la prison, pendant un temps qui ne pourra excéder deux jours, et, en cas de récidive, trois jours :

1o Tout sous-officier, caporal et garde national coupable de désobéissance et d'insubordination, ou qui aura refusé pour la seconde fois un service d'ordre et de sûreté ;

2o Tout officier, caporal et garde national qui, étant de service, sera dans un état d'ivresse ; ou tiendra une conduite qui porte atteinte à la discipline de la garde nationale ou à l'ordre public.

3o Tout garde national qui, étant de service, aura abandonné ses armes ou son poste avant qu'il ne soit relevé.

90. Sera privé de son grade tout officier, sous-officier ou caporal qui, après avoir subi une condamnation du conseil de discipline, se rendra coupable d'une faute qui entraîne l'emprisonnement, s'il s'est écoulé moins d'un an depuis la première condamnation. Pourra également être privé de son grade tout officier, sous-officier et caporal, qui aura abandonné son poste avant qu'il ne soit relevé.

Tout officier, sous-officier et caporal, privé de

son grade par jugement, ne pourra être réélu qu'aux élections générales.

91. Le garde national prévenu d'avoir vendu à son profit les armes de guerre ou les effets d'équipement qui lui ont été confiés par l'État ou par les communes, sera renvoyé devant le tribunal de police correctionnelle pour y être poursuivi à la diligence du ministère public, et puni, s'il y a lieu, de la peine portée en l'article 408 du Code pénal, sauf l'application, le cas échéant, de l'article 463 dudit Code.

Le jugement de condamnation prononcera la restitution, au profit de l'État ou de la commune, du prix des armes ou effets vendus.

92. Tout garde national qui, dans l'espace d'une année, aura subi deux condamnations du conseil de discipline pour refus de service, sera, pour la troisième fois, traduit devant les tribunaux de police correctionnelle, et condamné à un emprisonnement qui ne pourra être moindre de cinq jours ni excéder dix jours.

En cas de récidive, l'emprisonnement ne pourra être moindre de dix jours ni excéder vingt jours.

Il sera en outre condamné aux frais et à une amende qui ne pourra être moindre de cinq francs ni excéder quinze francs dans le premier cas, et, dans le deuxième, être moindre de quinze francs ni excéder cinquante francs.

93. Tout chef de corps, poste ou détachement de la garde nationale, qui refusera d'obtempérer à

une réquisition des magistrats ou fonctionnaires investis du droit de requérir la force publique, ou qui aurait agi sans réquisition et hors des cas prévus par la loi, sera poursuivi devant les tribunaux et puni conformément aux articles 234 et 258 du Code pénal.

La poursuite entraînera la suspension, et, s'il y a condamnation, la perte du grade.

§ 2. — *Des conseils de discipline.*

94. Il y aura un conseil de discipline :

1° Par bataillon communal ou cantonal ;

2° Par commune ayant une ou plusieurs compagnies non réunies en bataillon ;

3° Par compagnie formée de gardes nationaux de plusieurs communes.

95. Dans les villes qui comprendront une ou plusieurs légions, il y aura un conseil de discipline pour juger les officiers supérieurs de légion et officiers d'état-major non justiciables des conseils de discipline ci-dessus.

96. Les conseils de discipline de la garde nationale d'une commune ayant une ou plusieurs compagnies non réunies en bataillon, et celui d'une compagnie formée de gardes nationaux de plusieurs communes, seront composés de cinq juges, savoir :

Un capitaine, président ; un lieutenant ou un sous-lieutenant, un sergent, un caporal et un garde national.

97. Le conseil de discipline du bataillon sera

composé de sept juges, savoir : le chef de bataillon, président ; un capitaine, un lieutenant, un sous-lieutenant, un sergent, un caporal et deux gardes nationaux.

98. Le conseil de discipline pour juger les officiers supérieurs et officiers d'état-major, sera composé de sept juges, savoir : d'un chef de légion, président ; de deux chefs de bataillon, deux capitaines et deux lieutenants ou sous-lieutenants.

99. Lorsqu'une compagnie sera formée des gardes nationaux de plusieurs communes, le conseil de discipline siégera dans la commune la plus populeuse.

100. Dans le cas où le prévenu serait officier, deux officiers du grade du prévenu entreront dans le conseil de discipline, et remplaceront les deux derniers membres.

S'il n'y a pas dans la commune deux officiers du grade du prévenu, le sous-préfet les désignera par la voie du sort parmi ceux du canton, et, s'il ne s'en trouve pas dans le canton, parmi ceux de l'arrondissement.

S'il s'agit de juger un chef de bataillon, le préfet désignera par la voie du sort deux chefs de bataillon des cantons ou des arrondissements circonvoisins.

101. Il y aura par conseil de discipline de bataillon ou de légion un rapporteur ayant rang de capitaine ou de lieutenant, et un secrétaire ayant rang de lieutenant ou de sous-lieutenant.

Dans les villes où il se trouvera plusieurs légions, il y aura par conseil de discipline un rapporteur-adjoint et un secrétaire-adjoint, du grade inférieur à celui du rapporteur et du secrétaire.

102. Lorsque la garde nationale d'une commune ne formera qu'une ou plusieurs compagnies non réunies en bataillon, un officier remplira les fonctions de rapporteur, et un sous-officier celles de secrétaire du conseil de discipline.

103. Le sous-préfet choisira l'officier et les sous-officiers rapporteurs et secrétaires du conseil de discipline, sur les listes de trois candidats désignés par le chef de légion, ou, s'il n'y a pas de légion, par le chef de bataillon.

Dans les communes où il n'y a pas de bataillon, des listes de candidats seront dressées par le plus ancien capitaine.

Les rapporteurs, rapporteurs-adjoints, secrétaires et secrétaires-adjoints, seront nommés pour trois ans; ils pourront être réélus.

Le préfet, sur le rapport des maires et des chefs de corps, pourra les révoquer; il sera, dans ce cas, procédé immédiatement à leur remplacement par le mode de nomination ci-dessus indiqué.

104. Les conseils de discipline sont permanents; ils ne pourront juger que lorsque cinq membres au moins seront présents dans les conseils de bataillon et de légion, et trois membres au moins dans les conseils de compagnie. Les juges seront renouvelés tous les quatre mois. Néanmoins lorsqu'il n'y

aura d'officiers du même grade que le président ou les juges du conseil de discipline, ceux-ci ne seront pas remplacés.

105. Le président du conseil de recensement, assisté du chef de bataillon, ou du capitaine commandant, si les compagnies ne sont pas réunies en bataillon, formera, d'après le contrôle du service ordinaire, un tableau général, par grade et par rang d'âge, de tous les officiers, sous-officiers et caporaux, et d'un nombre double de gardes nationaux de chaque bataillon, ou des compagnies de la commune ou de la compagnie formée de plusieurs communes.

Ils déposeront ce tableau, signé par eux, au lieu des séances des conseils de discipline, où chaque garde national pourra en prendre connaissance.

106. Lorsque la garde nationale d'une commune ou d'un canton n'aura qu'un seul conseil de discipline, les gardes nationaux faisant partie des corps d'artillerie, de sapeurs-pompiers et de cavalerie, seront justiciables de ce conseil.

S'il y a plusieurs bataillons dans le même canton, les gardes nationaux ci-dessus désignés seront justiciables du même conseil de discipline que les compagnies de leur commune.

S'il y a plusieurs bataillons dans la même commune, le préfet déterminera de quels conseils de discipline les mêmes gardes nationaux seront justiciables.

Dans ces trois cas, les officiers, sous-officiers, caporaux et gardes des corps ci-dessus désignés, concourront pour la formation du tableau du conseil de discipline.

Lorsqu'en vertu d'une ordonnance du roi, les corps d'artillerie et de cavalerie seront réunis en légion, ils auront un conseil de discipline particulier.

107. Les juges de chaque grade ou gardes nationaux seront pris successivement d'après l'ordre de leur inscription au tableau.

108. Tout garde national qui aura été condamné trois fois par le conseil de discipline, ou une fois par le tribunal de police correctionnel, sera rayé pour une année du tableau servant à former le conseil de discipline.

109. Toute réclamation pour être réintégré sur le tableau, ou pour en faire rayer un garde national, sera portée devant le jury de révision.

§ 3. *De l'instruction et des jugements.*

110. Le conseil de discipline sera saisi, par le renvoi que lui fera le chef de corps, de tous rapports, ou procès-verbaux, ou plaintes, constatant les faits qui peuvent donner lieu au jugement de ce conseil.

111. Les plaintes, rapports et procès-verbaux, seront adressés à l'officier rapporteur, qui fera citer le prévenu à la plus prochaine des séances du conseil.

Le secrétaire enregistrera les pièces ci-dessus.

La citation sera portée à domicile par un agent de la force publique.

112. Les rapports, procès-verbaux ou plaintes constatant des faits qui donneraient lieu à la mise en jugement devant le conseil de discipline, du commandant de la garde nationale d'une commune, seront adressés au maire, qui en réfèrera au sous-préfet. Celui-ci procèdera à la composition du conseil de discipline conformément à l'article 100.

113. Le président du conseil convoquera les membres sur la réquisition de l'officier rapporteur toutes les fois que le nombre et l'urgence des affaires lui paraîtront l'exiger.

114. En cas d'absence, tout membre du conseil de discipline non valablement excusé sera condamné à une amende de cinq francs par le conseil de discipline, et il sera remplacé par l'officier, sous-officier, caporal ou garde national qui devra être appelé immédiatement après lui.

Dans les conseils de discipline des bataillons cantonaux, le juge absent sera remplacé par l'officier, sous-officier, caporal ou garde national du lieu où siége le conseil, qui devra être appelé d'après l'ordre du tableau.

115. Le garde national cité comparaîtra en personne ou par un fondé de pouvoirs.

Il pourra être assisté d'un conseil.

116. Si le prévenu ne comparaît pas au jour et à l'heure fixés par la citation, il sera jugé par défaut.

L'opposition au jugement par défaut devra être formée dans le délai de trois jours, à compter de la notification du jugement. Cette opposition pourra être faite par déclaration au bas de la signification. L'opposant sera cité pour comparaître à la plus prochaine séance du conseil de discipline.

S'il n'y a pas opposition, ou si l'opposant ne comparaît pas à la séance indiquée, le jugement par défaut sera définitif.

117. L'instruction de chaque affaire devant le conseil sera publique, à peine de nullité.

La police de l'audience appartiendra au président, qui pourra faire expulser ou arrêter quiconque troublerait l'ordre.

Si le trouble est causé par un délit, il en sera dressé procès-verbal.

L'auteur du trouble sera jugé de suite par le conseil, si c'est un garde national, et si la faute n'emporte qu'une peine que le conseil puisse prononcer.

Dans tout autre cas, le prévenu sera renvoyé et le procès-verbal transmis au procureur du roi.

118. Les débats devant le conseil auront lieu dans l'ordre suivant :

Le secrétaire appellera l'affaire.

En cas de récusation, le conseil statuera. Si la récusation est admise, le président appellera, dans les formes indiquées par l'article 114, les juges suppléants nécessaires pour compléter le conseil.

Si le prévenu décline la juridiction du conseil de

discipline, le conseil statuera sur sa compétence ; s'il se déclare incompétent, l'affaire sera renvoyée devant qui de droit.

Le secrétaire lira le rapport, le procès-verbal ou la plainte, et les pièces à l'appui.

Les témoins, s'il en a été appelé par le rapporteur et le prévenu, seront entendus.

Le prévenu, ou son conseil, sera entendu.

Le rapporteur résumera l'affaire et donnera ses conclusions.

L'inculpé ou son fondé de pouvoirs et son conseil pourront proposer leurs observations.

Ensuite, le conseil délibérera en secret et hors de la présence du rapporteur, et le président prononcera le jugement.

119. Les mandats d'exécution de jugement des conseils de discipline seront délivrés dans la même forme que ceux des tribunaux de simple police.

120. Il n'y aura de recours contre les jugements définitifs des conseils de discipline que devant la Cour de cassation, pour incompétence, ou excès de pouvoir, ou contravention à la loi.

Le pourvoi en cassation ne sera suspensif qu'à l'égard des jugements prononçant l'emprisonnement, et sera dispensé de la mise en état.

Dans tous les cas, ce recours ne sera assujetti qu'au quart de l'amende établie par la loi.

121. Tous actes de poursuites devant les conseils de discipline, tous jugements, recours et arrêts

rendus en vertu de la présente loi, seront dispensés du timbre et enregistrés *gratis*.

122. Le garde national condamné aura trois jours francs, à partir du jour de la notification, pour se pourvoir en cassation.

TITRE IV.

Mesures exceptionnelles et transitoires pour la garde nationale en service ordinaire.

123. Dans les trois mois qui suivront la promulgation de la présente loi, il sera procédé à une nouvelle élection d'officiers, sous-officiers et caporaux, dans tous les corps de la garde nationale.

Néanmoins, le gouvernement pourra suspendre pendant un an la réélection des officiers dans les localités où il le jugera convenable.

124. Le roi pourra suspendre l'organisation de la garde nationale pour une année dans les communes qui forment un ou plusieurs cantons, et dans les communes rurales, pour un temps qui ne pourra excéder trois ans.

Les délais ne pourront être prorogés qu'en vertu d'une loi.

125. Les organisations actuelles de la garde nationale par compagnies, par bataillons et par légions, qui ne se trouveraient pas conformes aux dispositions de la présente loi, pourront être provisoirement maintenues par une ordonnance du roi,

sans toutefois que cette autorisation puisse dépasser l'époque du 1er janvier 1832.

126. Les compagnies qui dépassent le maximum fixé par la présente loi ne recevront pas de nouvelles incorporations jusqu'à ce qu'elles soient rentrées dans les limites voulues par cette loi, à moins que toutes les compagnies du bataillon ne soient au complet.

TITRE V.

Des détachements de la garde nationale.

SECTION II. — *Appel et service des détachements.*

127. La garde nationale doit fournir des détachements dans les cas suivants :

1° Fournir par détachement, en cas d'insuffisance de la gendarmerie et de la troupe de ligne, le nombre d'hommes nécessaire pour escorter d'une ville à l'autre les convois de fonds ou d'effets appartenant à l'Etat, et pour la conduite des accusés, des condamnés et autres prisonniers.

2° Fournir des détachements pour porter secours aux communes, arrondissements et départements voisins qui seraient troublés ou menacés par des émeutes ou des séditions, ou par l'incursion de voleurs, brigands et autres malfaiteurs.

128. Lorsqu'il faudra porter secours d'un lieu dans un autre pour le maintien ou le rétablissement de l'ordre et de la paix publics, des détachements de la garde nationale en service ordinaire

seront fournis, afin d'agir dans toute l'étendue de l'arrondissement, sur la réquisition du sous-préfet; dans toute l'étendue du département, sur la réquisition du préfet; enfin, s'il faut agir hors du département, en vertu d'une ordonnance du roi.

En cas d'urgence et sur la demande écrite du maire d'une commune en danger, les maires des communes limitrophes, sans distinction de département, pourront néanmoins requérir un détachement de la garde nationale de marcher immédiatement sur le point menacé, sauf à rendre compte, dans le plus bref délai, du mouvement et des motifs à l'autorité supérieure.

Dans tous ces cas, les détachements de la garde nationale ne cesseront pas d'être sous l'autorité civile. L'autorité militaire ne prendra le commandement des détachements de la garde nationale pour le maintien de la paix publique, que sur la réquisition de l'autorité administrative.

129. L'acte en vertu duquel, dans les cas déterminés par les deux articles précédents, la garde nationale est appelée à faire un service de détachement, fixera le nombre des hommes requis.

130. Lors de l'appel fait, conformément aux articles précédents, le maire, assisté du commandant de la garde nationale de chaque commune, formera les détachements parmi les hommes inscrits sur le contrôle du service ordinaire, en commençant par les célibataires et les moins âgés.

131. Lorsque les détachements des gardes na-

tionales s'éloigneront de leur commune pendant plus de vingt-quatre heures, ils seront assimilés à la troupe de ligne pour la solde, l'indemnité de route et les prestations en nature.

132. Les détachements à l'intérieur ne pourront être requis de faire un service, hors de leurs foyers, de plus de dix jours, sur la réquisition du sous-préfet; de plus de vingt jours, sur la réquisition du préfet; et de plus de soixante jours, en vertu d'une ordonnance du roi.

Section II. — *Discipline*.

133. Lorsque, conformément à l'article 127, la garde nationale devra fournir des détachements en service ordinaire, sur la réquisition du sous-préfet, du préfet; ou en vertu d'une ordonnance du roi, les peines de discipline seront fixées ainsi qu'il suit :

Pour les officiers,

1. Les arrêts simples, pour dix jours au plus;
2. La réprimande avec mise à l'ordre;
3. Les arrêts de rigueur, pour six jours au plus;
4. La prison, pour trois jours au plus.

Pour les sous-officiers, caporaux et soldats.

1. La consigne, pour dix jours au plus;
2. La réprimande avec mise à l'ordre;
3. La salle de discipline, pour six jours au plus;
4. La prison pour quatre jours au plus.

134. Les peines des arrêts de rigueur, de la prison, et de la réprimande avec mise à l'ordre, ne

pourront être infligées que par le chef du corps ; les autres peines pourront l'être par tout supérieur à son inférieur, à la charge d'en rendre compte dans les vingt-quatre heures, en observant la hiérarchie des grades.

135. La privation du grade, pour les causes énoncées dans les articles 90 et 93, sera prononcée par un conseil de discipline, composé ainsi qu'il est dit à la section VIII du titre III.

Il n'y aura qu'un conseil de discipline pour tous les détachements formés d'un même arrondissement de sous-préfecture.

136. Tout garde national désigné pour faire partie d'un détachement, qui refusera d'obtempérer à la réquisition, ou qui quittera le détachement sans autorisation, sera traduit en police correctionnelle, et puni d'un emprisonnement qui ne pourra excéder un mois ; s'il est officier, sous-officier ou caporal, il sera, en outre, privé de son grade.

Disposition commune aux deux titres précédents.

137. Les gardes nationaux blessés pour cause de service auront droit aux secours, pensions et récompenses que la loi accorde aux militaires en activité de service.

TITRE VI. — DES CORPS DÉTACHÉS DE LA GARDE NATIONALE POUR LE SERVICE DE GUERRE.

SECTION I. *Appel et Service des corps détachés.*

138. La garde nationale doit fournir des corps

détachés pour la défense des places fortes, des côtes et des frontières du royaume, comme auxiliaires de l'armée active. — Le service de guerre des corps détachés de la garde nationale, comme auxiliaires de l'armée, ne pourra pas durer plus d'une année.

139. Les corps détachés ne pourront être tirés de la garde nationale qu'en vertu d'une loi spéciale, ou, pendant l'absence des chambres, par une ordonnance du roi, qui sera convertie en loi lors de la plus prochaine session.

140. L'acte en vertu duquel la garde nationale est appelée à fournir des corps détachés pour le service de guerre, fixera le nombre des hommes requis.

SECTION II. *Désignation des gardes nationaux pour la formation des corps détachés.*

141. Lors de l'appel fait en vertu d'une loi ou d'une ordonnance, conformément à l'article 139, les corps détachés de la garde nationale se composeront 1° des gardes nationaux qui se présenteront volontairement, et qui seront trouvés propres au service actif; 2° des jeunes gens de dix-huit à vingt ans qui se présenteront volontairement, et qui seront également reconnus propres au service actif; 3° si ces enrôlements ne suffisaient pas pour compléter le contingent demandé, les hommes seront désignés dans l'ordre spécifié dans l'article 143 ci-après.

142. Les jeunes gens de dix-huit à vingt ans enrôlés volontaires ou remplaçants dans les corps détachés de la garde nationale resteront soumis à la loi de recrutement. — Mais le temps que les volontaires auront servi dans les corps détachés de la garde nationale leur comptera en déduction de leur service dans l'armée régulière si plus tard ils y sont appelés.

143. Les désignations des gardes nationaux pour les corps détachés seront faites par le conseil de recensement de chaque commune parmi tous les inscrits sur le contrôle du service ordinaire et sur celui du service extraordinaire dans l'ordre qui suit : — première classe, les célibataires. — Seront considérés comme célibataires tous ceux qui, postérieurement à la promulgation de la présente loi, se marieraient avant d'avoir atteint l'âge de vingt-trois ans; 2o les veufs sans enfants; 3o les mariés sans enfants; 4o les mariés avec enfants.

144. Pour la classe des célibataires, les contingents seront répartis proportionnellement au nombre d'hommes appartenant à chaque année, depuis 20 jusqu'à 35 ans. — Dans chaque année, la désignation se fera d'après l'âge. — Pour chaque année, depuis 20 jusqu'à 23 ans, les veufs et mariés seront considérés comme plus âgés que les célibataires de cette année, auxquels ils sont assimilés par l'article 144, § 1er. — Dans chacune des autres classes successives les appels seront tou-

jours faits en commençant par les moins âgés jusqu'à l'âge de 30 ans.

145. L'aîné d'orphelins mineurs de père et de mère, le fils unique ou l'aîné des fils, ou, à défaut de fils, le petit-fils ou l'aîné des petits-fils d'une femme actuellement veuve, d'un père aveugle ou d'un vieillard septuagénaire, prendront rang, dans l'appel au service des corps détachés, entre les mariés sans enfants et les mariés avec enfants.

146. En cas de réclamations pour les désignations faites par le conseil du recensement il sera statué par le jury de révision.

147. Ne sont point aptes au service des corps détachés : 1° les gardes nationaux qui n'auront pas la taille fixée par la loi du recrutement ; 2° ceux que des infirmités constatées rendront impropres au service militaire.

148. L'aptitude au service sera jugée par un conseil de révision, qui se réunira dans le lieu où devra se former le bataillon. — Le conseil se composera de sept membres, savoir le préfet, le président, et à son défaut le conseiller de préfecture qu'il aura délégué; trois membres du conseil de recensement désignés par le préfet parmi les membres des conseils de recensement des communes qui concourront à la formation du bataillon ; le chef de bataillon, et deux des capitaines dudit bataillon, nommés par le général commandant la subdivision militaire ou le détachement.

149. Les conseils de révision apprécieront les motifs d'exemption relatifs au nombre des enfants.

150. Les gardes nationaux qui ont des remplaçants à l'armée ne sont pas dispensés du service de la garde nationale dans les corps détachés; toutefois ils ne prendront rang dans l'appel qu'après les veufs sans enfants.

151. Le garde national désigné pour faire partie d'un corps détaché pourra se faire remplacer par un Français âgé de 18 à 40 ans. — Le remplaçant devra être agréé par le conseil de révision.

152. Si le remplaçant est appelé à servir pour son compte dans un corps détaché de la garde nationale, le remplacé sera tenu d'en fournir un autre ou de marcher lui-même.

153. Le remplacé sera, pour le cas de désertion, responsable de son remplaçant.

154. Lorsqu'un garde national porté sur le rôle du service ordinaire se sera fait remplacer dans un corps détaché de la garde nationale, il ne cessera pas pour cela de concourir au service ordinaire de la garde nationale.

Section III. *Formation, nomination aux emplois, et Administration des corps détachés de la Garde nationale.*

155. Les corps détachés de la garde nationale, en vertu des articles 138 et 139, seront organisés par bataillon d'infanterie, et par escadron ou compagnie pour les autres armes. Le roi pourra ordon-

ner la réunion de ces bataillons ou escadrons en légions.

156. Des ordonnances du roi détermineront l'organisation de bataillons, escadrons et compagnies; le nombre, le grade d'officiers; la composition et l'installation des conseils d'administration.

157. Pour la première organisation, les caporaux et sous-officiers, les sous-lieutenants et lieutenants seront élus par les gardes nationaux. Néanmoins les fourriers, sergents-majors, maréchaux des logis chefs et adjudants sous-officiers seront désignés par les capitaines, et nommés par les chefs de corps. — Les officiers comptables, les adjudants-majors, les capitaines et les officiers supérieurs seront à la nomination du roi.

158. Les officiers à la nomination du roi pourront être pris indistinctement dans la garde nationale, dans l'armée ou parmi les militaires en retraite.

159. Les corps détachés de la garde nationale comme auxiliaires de l'armée, sont assimilés, pour la solde et les prestations en nature, à la troupe de ligne. — Une ordonnance du roi déterminera les premières mises, les masses et les accessoires de la solde. — Les officiers, sous-officiers et soldats jouissant d'une pension de retraite cumuleront, pendant la durée du service, avec la solde d'activité des grades qu'ils auront obtenus dans les corps détachés de la garde nationale.

160. L'uniforme et les marques distinctives des

corps détachés seront les mêmes que ceux de la garde nationale en service ordinaire. — Le gouvernement fournira l'habillement, l'armement et l'équipement aux gardes nationaux qui n'en seraient pas pourvus, ou qui n'auraient pas le moyen de s'équiper et de s'armer à leurs frais.

SECTION IV. *Discipline des Corps détachés.*

161. Lorsque les corps détachés de la garde nationale seront organisés, ils seront soumis à la discipline militaire. — Néanmoins, lorsque les gardes nationaux refuseront d'obtempérer à la réquisition, ils seront punis d'un emprisonnement qui ne pourra excéder deux ans; et, lorsqu'ils quitteront leurs corps sans autorisation lors de la présence de l'ennemi, ils seront punis d'un emprisonnement qui ne pourra excéder trois ans.

Dispositions générales.

162. Sont et demeurent abrogées toutes les dispositions des lois, décrets ou ordonnances relatives à l'organisation et à la discipline des gardes nationales. — Sont et demeurent abrogées les dispositions relatives au service et à l'administration des gardes nationales qui seraient contraires à la présente loi.

THÉORIE

POUR

L'EXERCICE ET LES MANŒUVRES

DE L'INFANTERIE,

D'après l'ordonnance de 1791, modifiée par les ordonnances de 1822 et 1831.

TITRE PREMIER.

ARTICLE PREMIER.

FORMATION D'UN RÉGIMENT OU D'UNE LÉGION EN BATAILLE.

1. Quelle que soit la place d'une brigade en l'ordre de bataille, les régiments ou légions dont elle se composera seront placés de la droite à la gauche, dans l'ordre de leurs numéros. Si la brigade se compose d'infanterie légère et d'infanterie de ligne, l'infanterie légère prendra la droite.

2. (Pl. X, *fig.* 1 et 2.) Quelle que soit la place d'un régiment dans une brigade, les bataillons qui le composent seront placés de la droite à la gauche, dans l'ordre de leurs

numéros. L'intervalle entre les bataillons sera de seize mètres (vingt-quatre pas).

(Les paragraphes 3 et 4 indiquant la place respective des grenadiers et voltigeurs, sont inutiles pour la garde nationale, qui est aujourd'hui entièrement composée de chasseurs.)

5. Chaque compagnie formera un peloton.

6. Le premier et le second peloton de chaque bataillon formeront la première division; le troisième et le quatrième peloton, la seconde; le cinquième et le sixième peloton, la troisième; enfin, le septième et le huitième peloton formeront la quatrième division.

7. Les quatre premiers pelotons de chaque bataillon formeront le *demi-bataillon de droite* les quatre derniers pelotons, le *demi-bataillon de gauche*.

8. Chaque peloton sera partagé en deux parties égales, qui seront désignées par le nom de *section*. Celle de droite sera appelée *première section*; celle de gauche, *seconde section*.

9. Chaque compagnie sera habituellement formée sur trois rangs de la manière suivante : les trois hommes les plus grands formeront la première file, les trois plus grands après ceux-ci, la seconde file, et

ainsi de suite jusqu'à la dernière file, qui sera composée des trois hommes les plus petits.

10. La distance d'un rang à l'autre sera de trente-trois centimètres (un pied), qui seront mesurés de la poitrine des hommes du second et du troisième rang au dos de l'homme qui les précède respectivement dans leur file, ou à son havresac, quand le soldat sera chargé.

11. Lorsqu'on devra manœuvrer, les pelotons seront égalisés dans chaque bataillon, en reversant, s'il y a lieu, des hommes d'une compagnie dans l'autre.

12. Les régiments étant sur le pied de paix lorsqu'ils devront manœuvrer, les pelotons seront formés sur deux rangs, afin d'occuper à peu près la même étendue qu'ils occuperaient sur trois rangs, s'ils étaient sur le pied de guerre.

Places de bataille des officiers, sous-officiers et caporaux.

13. Le capitaine à la droite de son peloton, au premier rang.

14. Le lieutenant en serre-file, à deux pas derrière le centre de la seconde section.

15. Le sous-lieutenant en serre-file, à deux pas derrière le centre de la première section.

16. Le sergent-major, derrière la seconde section, à la gauche du lieutenant.

17. Le premier sergent derrière le capitaine, au troisième rang. Ce sergent, désigné par le nom de *sous-officier de remplacement*, sera guide de droite de son peloton dans les manœuvres.

18. Le second sergent derrière la gauche de la seconde section, en serre-file. Ce sergent sera guide de gauche de son peloton dans les manœuvres.

19. Le troisième sergent derrière la droite de la seconde section, en serre-file.

20. Le quatrième sergent derrière la gauche de la première section, en serre-file.

21. Le fourrier derrière la première section, à la droite du sous-lieutenant en serre-file.

22. Dans le huitième peloton de chaque bataillon, le second sergent sera placé à la gauche du premier rang du bataillon, ayant derrière lui un caporal au troisième rang.

23. Les caporaux seront placés au premier et au troisième rang, à la droite et à

la gauche de chaque section, suivant leur taille.

24. Le remplacement des officiers et des sous-officiers, lorsqu'il sera nécessaire pour manœuvrer, se fera de grade en grade dans chaque compagnie ; mais en l'absence du capitaine et du lieutenant d'une compagnie, le commandant du régiment enverra pour la commander, s'il le juge convenable, un lieutenant d'une autre compagnie.

Places de bataille des Officiers supérieurs, Adjudants-majors et Adjudants.

25. Le colonel et tous les officiers supérieurs seront à cheval ; les adjudants-majors et les adjudants seront à pied.

26. Le colonel, ayant à sa droite le lieutenant-colonel et à sa gauche le major, sera placé à cinquante pas en arrière des serre-files, vis-à-vis le centre de son régiment. Lorsque le major sera absent, le lieutenant-colonel se placera à la gauche du colonel.

27. Chaque chef de bataillon sera placé à trente pas des serre-files, derrière le centre de son bataillon.

28. L'adjudant-major de chaque bataillon

sera placé à huit pas des serre-files, derrière le centre du demi-bataillon de droite.

29. L'adjudant de chaque bataillon sera placé à huit pas des serre-files, derrière le centre du demi-bataillon de gauche.

Places des Sapeurs, Tambours, Clairons et Musiciens.

30. Les sapeurs, formés sur deux rangs, seront placés à la droite du régiment, ayant leur gauche à quatre pas du premier peloton.

31. Les tambours et les clairons de chaque bataillon, formés sur deux rangs seront placés à vingt pas des serre-files derrière le cinquième peloton de leur bataillon, le tambour-major à la tête des tambours du premier bataillon, les caporaux-tambours à la tête des tambours de leurs bataillons. Les musiciens, formés sur trois rangs, seront placés à deux pas derrière les tambours du premier bataillon.

Garde du Drapeau.

32. Dans les régiments de deux bataillons, le drapeau sera placé au premier bataillon; dans les régiments de trois bataillons, il sera placé au second. Dans les autres bataillons,

le drapeau sera remplacé par un *fanion*, qui aura dans les manœuvres la dénomination de *drapeau*.

33. Dans chaque bataillon, la garde du drapeau sera composée de huit caporaux; elle sera placée à la gauche de la seconde section du quatrième peloton, et fera partie de cette section.

34. Il sera choisi, dans chacune des compagnies du bataillon, un caporal pour faire partie de cette garde.

35. Le premier rang de la garde du drapeau sera composé du porte-drapeau, ayant à sa droite et à sa gauche un caporal.

36. Les deux autres rangs seront formés chacun de trois caporaux.

37. On placera de préférence au second rang de la garde du drapeau les trois caporaux qui auront le plus de régularité et de précision, tant pour la position sous les armes que pour la marche.

38. Les caporaux de la garde du drapeau porteront l'arme dans le bras droit, et auront toujours la baïonnette au canon.

39. Le commandant du régiment désignera, dans les bataillons qui n'auront pas de drapeau, un sergent-major ou un sergent pour porter le fanion.

Guides généraux.

40. Il y aura deux guides généraux dans chaque bataillon; ils seront choisis parmi les sergents qui auront le plus de régularité tant pour la position sous les armes que pour la marche.

41. Les guides généraux seront désignés par les noms de *guide général de droite* et de *guide général de gauche*; ils seront placés sur le rang des serre-files, le premier derrière la droite du premier peloton, le second derrière la gauche du huitième.

ARTICLE II.

INSTRUCTION DES RÉGIMENTS.

(Les articles 42, 43, 44 et 45 ne sont applicables qu'aux régiments et troupes soldées.)

Instruction des Officiers.

46. L'instruction des officiers ne pouvant être solidement établie qu'en joignant la théorie à la pratique, il y aura dans chaque régiment une instruction de théorie indépendamment des exercices sur le terrain.

47. En conséquence, le commandant du régiment assemblera les officiers aussi souvent qu'il le jugera nécessaire, soit chez lui,

soit chez l'officier supérieur de chaque bataillon, pour leur expliquer ou faire expliquer tous les principes relatifs aux différentes écoles.

48. L'instruction des officiers supérieurs et des capitaines embrassera tout ce que renferme la présente ordonnance ; celle des lieutenants et des sous-lieutenants embrassera tout ce qui est compris dans les trois écoles du soldat, de peloton et de bataillon, ainsi que dans l'instruction pour les tirailleurs.

49. Nul officier ne sera réputé instruit qu'autant qu'il sera en état de commander et d'expliquer parfaitement tout ce qui est compris dans les différentes parties de l'ordonnance, qu'il doit connaître.

50. On ne s'attachera, dans cette instruction, qu'aux principes et à l'esprit des évolutions, sans jamais exiger que les officiers en apprennent littéralement le texte.

51. Les officiers seront exercés quelquefois à la marche par un des officiers supérieurs, qui s'attachera, avec le plus grand soin, à leur faire contracter l'habitude de former des pas égaux en longueur et en vitesse.

Instruction des sous-officiers.

52. L'instruction des sous-officiers embrassera l'école du soldat et celle de peloton ; ils seront tenus de savoir exécuter eux-mêmes avec précision, outre le maniement des armes qui leur est particulier, tout ce qui a rapport au maniement des armes du soldat, au feu et à la marche.

(Les articles 53, 54, 55 et 56 sont relatifs à certains détails praticables seulement dans les régiments.)

Instruction des caporaux.

57. L'instruction des caporaux embrassera l'école du soldat et le maniement des armes particulier aux sous-officiers.

TITRE II.

ÉCOLE DU SOLDAT.

PREMIÈRE PARTIE.

PREMIÈRE LEÇON.

(Les 14 premiers paragraphes ne concernent que les troupes soldées.)

Position du Soldat.

15. (Pl. II, *fig.* 1 *et* 2.) Les talons sur la même ligne et rapprochés autant que la conformation de l'homme le permettra, les pieds un peu moins ouverts que l'équerre et également tournés en dehors, les genoux tendus sans les roidir, le corps d'aplomb sur les hanches et penché en avant, les épaules effacées et également tombantes, les bras pendants naturellement, les coudes près du corps, la paume de la main un peu tournée en dehors, le petit doigt en arrière de la couture du pantalon, la tête droite sans être gênée, le menton rapproché du col sans le couvrir, les yeux fixés à terre à environ quinze pas devant soi.

(Le paragraphe 16 n'est qu'un développement inutile du précédent.)

17. L'instructeur, ayant donné à l'homme de recrue la position du soldat sans armes, lui apprendra à tourner la tête à droite et à gauche : à cet effet il commandera :

1. *Tête* — À DROITE.

2. FIXE.

18. A la fin de la seconde partie du premier commandement, le soldat tournera la tête à droite, sans brusquer le mouvement, de manière que le coin de l'œil gauche, du côté du nez réponde à la ligne des boutons de l'habit, les yeux fixés sur la ligne des yeux des hommes du même rang.

19. Au deuxième commandement, il replacera de même la tête dans la position directe, qui doit être la position habituelle du soldat.

20. Le mouvement de *Tête à gauche* s'exécutera par les moyens inverses.

21 et 22. Lorsque l'instructeur voudra faire passer le soldat de l'état d'attention à celui de repos, il commandera :

REPOS.

23. A ce commandement, le soldat ne sera plus tenu à garder l'immobilité.

24. L'instructeur, voulant lui faire repren-

dre la position et l'immobilité, fera les commandements suivants :

1. *Garde à vous.*

2. PELOTON.

25. Au premier commandement, le soldat fixera son attention : au deuxième, il reprendra la position prescrite, ainsi que l'immobilité.

DEUXIÈME LEÇON.

A droite, à gauche, demi-tour à droite.

26. Les à-droite et les à-gauche s'exécuteront en un temps. L'instructeur commandera :

1. *Peloton, par le flanc droit* (ou *gauche.*)

2. A DROITE (OU A GAUCHE).

27. Au deuxième commandement, le soldat tournera sur le talon gauche, élevant un peu la pointe du pied gauche, et rapportera en même temps le talon droit à côté du gauche, et sur la même ligne.

28. Le demi-tour à droite s'exécutera en deux temps. L'instructeur commandera :

1. *Peloton.*

2. *Demi*-TOUR — A DROITE.

Premier temps.

29. Au commandement de ***demi-tour***, le soldat fera un demi-à-droite, portera le pied droit en arrière, le milieu du pied vis-à-vis, et à huit centimètres (trois pouces) du talon gauche, saisira en même temps la giberne par le coin du coffret avec la main gauche.

Second temps.

30. Au commandement de ***à droite***, le soldat tournera sur les deux talons, en élevant un peu les pointes des pieds, les jarrets tendus; fera face en arrière, rapportera en même temps le talon droit à côté du gauche, et lâchera la giberne.

31. Lorsque le soldat portera l'arme, il la tournera de la main gauche au premier temps du demi-tour à droite, comme il sera expliqué au premier mouvement de *présentez vos armes*, et la replacera dans la position du port d'armes, à l'instant où il rapportera le talon droit à côté du gauche.

TROISIÈME LEÇON.

Principes du pas ordinaire direct

32 et 33. La longueur du pas ordinaire direct sera de soixante-cinq centimètres (deux

pieds), à compter d'un talon à l'autre, et sa vitesse de soixante-seize par minute.

34. L'instructeur commandera :

1. *Peloton, en avant.*

2. MARCHE.

35. Au premier commandement, le soldat portera le poids du corps sur la jambe droite.

36. (Pl. II, *fig.* 3.) Au deuxième commandement, il portera vivement, mais sans secousse, le pied gauche en avant à soixante-cinq centimètres (deux pieds) du droit, le jarret tendu, la pointe du pied un peu baissée et légèrement tournée en dehors, ainsi que le genou ; il portera en même temps le poids du corps en avant, et posera, sans frapper, le pied gauche à plat, précisément à la distance où il se trouve du droit, tout le poids du corps se portant sur le pied qui pose à terre. Le soldat passera ensuite vivement, mais sans secousse, la jambe droite en avant, le pied passant près de terre, le posera à la même distance et de la même manière qu'il vient d'être expliqué pour le pied gauche, et continuera de marcher ainsi, sans que les jambes se croisent, sans que les épaules

tournent, et la tête restant toujours dans la position directe.

37. Lorsque l'instructeur voudra arrêter la marche, il commandera :

1. *Peloton.*

2. HALTE.

38. Au deuxième commandement, qui sera fait à l'instant où l'un ou l'autre pied indifféremment va poser à terre, le soldat rapportera le pied qui est en arrière à côté de l'autre, sans frapper.

(Les paragraphes 39 et 40 ne sont que le développement inutile des quatre précédents.

QUATRIÈME LEÇON.

Principes du pas oblique.

41. La vitesse du pas ordinaire oblique sera, comme celle du pas ordinaire direct, de soixante-seize par minute.

(Les paragraphes 42, 43, 44, 45, 46 et 47 contiennent des instructions bonnes seulement dans les troupes soldées.)

48. Le soldat étant en marche directe au pas ordinaire, l'instructeur commandera ;

1. *Oblique à droite.*

2. MARCHE.

49. Au deuxième commandement, qui sera fait à l'instant où le pied gauche pose à terre, l'homme de recrue commencera le pas oblique à droite, en ayant soin de se conformer à ce qui a été prescrit ci-dessus relativement à la formation, à la longueur des pas et à la carrure des épaules, mais sans s'arrêter sur chaque pas, et en observant d'en faire soixante-seize par minute.

50. Le pas oblique à gauche s'exécutera d'après les mêmes principes. L'instructeur fera le commandement de *marche* à l'instant où le pied droit pose à terre.

51. Pour reprendre la marche directe, l'instructeur commandera :

1. *En avant.*

2. MARCHE.

52. Au second commandement, qui sera fait à l'instant où l'un ou l'autre pied indifféremment pose à terre, le soldat reprendra la marche directe et le pas de soixante-cinq centimètres (deux pieds).

(**Les paragraphes de 53 à 60 inclusivement ne sont pas applicables dans la garde nationale.**)

SECONDE PARTIE.

PREMIÈRE LEÇON.

Principes du port d'armes.

61. L'homme de recrue étant placé comme il a été prescrit dans la première leçon de la première partie, l'instructeur lui fera relever la main gauche sans plier le poignet, et ne faisant agir que l'avant-bras gauche. L'instructeur élèvera le fusil perpendiculairement, et le placera de la manière suivante:

62. (Pl. II. *fig. 1 et 2.*) L'arme dans la main gauche, le bras très-peu ployé, le coude en arrière et joint au corps sans le serrer, la paume de la main serrée contre le plat extérieur de la crosse, son tranchant extérieur dans la première articulation des doigts, le talon de la crosse entre le premier et le second doigt, le pouce sur la vis, les deux derniers doigts sous la crosse, qui sera appuyée plus ou moins en arrière, suivant la conformation de l'homme, de manière que l'arme vue de face reste toujours perpendiculaire, et que le mouvement de la cuisse, en marchant, ne puisse pas la faire lever ni

vaciller; la baguette au défaut de l'épaule; le bras droit pendant naturellement, comme il a été prescrit dans la première leçon de la première partie.

(Les paragraphes de 63 à 67 inclusivement sont inutiles à l'instruction des gardes nationaux.)

SECONDE LEÇON.

Maniement des armes.

68. Le maniement des armes sera montré aux trois hommes placés d'abord sur un rang, coude à coude, et ensuite sur une file.

(Les paragraphes de 69 à 72 inclusivement sont supprimés comme inutiles.)

73. La dernière syllabe du commandement décidera l'exécution brusque et vive du premier mouvement de chaque temps; les commandements de *deux*, de *trois* et de *quatre* décideront celle des autres mouvements. Dès que le soldat connaîtra bien la position des divers mouvements d'un temps, on lui montrera à l'exécuter sans s'arrêter sur ces mouvements; mais il en observera le mécanisme, afin d'assurer l'arme et d'éviter les inconvénients qui résultent de ce qu'on appelle *escamoter l'arme.*

74. Le maniement des armes sera montré dans la progression suivante. L'instructeur commandera :

L'arme — AU BRAS.

UN TEMPS ET TROIS MOUVEMENTS.

Premier mouvement.

75. (Pl. III, *fig.* 1.) Empoigner brusquement l'arme à onze centimètres (quatre pouces) au-dessous de la platine, sans tourner l'arme et en l'élevant un peu.

Deuxième mouvement.

76. Quitter la crosse de la main gauche, placer l'avant-bras gauche étendu sur la poitrine contre le chien, la main sur le teton droit.

Troisième mouvement.

77. Laisser tomber vivement la main droite à sa position.

78. Les soldats étant l'arme au bras, si l'instructeur veut les faire reposer, il commandera :

REPOS.

79. A ce commandement, les soldats porteront vivement la main droite à la poignée de l'arme, et ne seront plus tenus à garder l'immobilité ni la position.

80. Lorsque l'instructeur voudra faire passer les soldats de l'état de repos à celui d'immobilité, il commandera :

1. *Garde à vous.*

2. PELOTON.

81. Au second commandement, les soldats reprendront la position du troisième mouvement de l'*arme au bras.*

Portez — VOS ARMES.

UN TEMPS ET TROIS MOUVEMENTS.

Premier mouvement.

82. Porter brusquement la main droite à la poignée de l'arme.

Deuxième mouvement.

83. Placer brusquement la main gauche sous la crosse.

Troisième mouvement.

84. Laisser tomber vivement la main droite à sa position, descendre en même temps l'arme avec la main gauche à la position du port d'armes.

Présentez — VOS ARMES.

UN TEMPS ET DEUX MOUVEMENTS.

Premier mouvement.

85. (Pl. III. *fig.* 2.) Tourner l'arme avec

la main gauche, la platine en dessus, et saisir en même temps la poignée du fusil avec la main droite, l'arme d'aplomb et détachée de l'épaule; laisser la main gauche sous la crosse.

Deuxième mouvement.

86. Achever de tourner l'arme avec la main droite pour l'apporter d'aplomb vis-à-vis le milieu du corps, la baguette en avant, la main droite restant au-dessous et contre la sous-garde; l'empoigner en même temps brusquement avec la main gauche, le petit doigt contre le ressort de la batterie, le pouce allongé le long du canon contre la monture, l'avant-bras collé au corps sans être gêné, la main à hauteur du coude.

Portez — VOS ARMES.

UN TEMPS ET DEUX MOUVEMENTS.

Premier mouvement.

87. Tourner l'arme avec la main droite, le canon en dehors, l'élever et le placer contre l'épaule gauche avec la main droite, descendre la main gauche sous la crosse, la main droite restant libre à la poignée.

Deuxième mouvement.

88. Laisser tomber vivement la main droite à sa position.

Reposez-vous — SUR VOS ARMES.

UN TEMPS ET DEUX MOUVEMENTS.

Premier mouvement.

89. Descendre l'arme en abaissant vivement le bras gauche, la saisir en même temps avec la main droite au-dessus et près de la capucine, lâcher l'arme de la main gauche et la porter vivement vis-à-vis l'épaule droite, la baguette en avant, le petit doigt derrière le canon, la main droite appuyée à la hanche, la crosse à environ huit centimètres (trois pouces) de terre, l'arme d'aplomb, la main gauche pendant sur le côté.

Deuxième mouvement.

90. Laisser glisser l'arme dans la main, la laisser tomber sans frapper, et prendre la position qui va être indiquée.

Position du soldat reposé sur l'arme.

91. (Pl. III, *fig.* 3.) La main basse, le canon entre le pouce et le premier doigt allongé le long de la monture, les trois autres doigts allongés et joints, le bout du canon à environ cinq centimètres (deux pouces) de l'épaule droite, la baguette en avant, le talon

de la crosse à côté et contre la pointe du pied droit, l'arme d'aplomb.

92. Lorsque l'instructeur voudra faire reposer dans cette position, il commandera :

REPOS.

93. A ce commandement, les soldats passeront la main droite étendue sur la baguette et appuieront le bout du canon contre l'épaule droite.

94. Lorsque l'instructeur voudra faire passer les soldats de l'état de repos à celui d'immobilité, il commandera :

1. *Garde à vous.*

2. PELOTON.

95. Au second commandement, les hommes reprendront la position du soldat reposé sur l'arme.

Portez — VOS ARMES.

UN TEMPS ET DEUX MOUVEMENTS.

Premier mouvement.

96, Elever vivement l'arme de la main droite, la porter contre l'épaule gauche, en la faisant tourner, pour que le canon se trouve en dehors; placer en même temps la main gauche sous la crosse, et descendre la main droite contre la batterie.

Deuxième mouvement.

97. Laisser tomber vivement la main droite à sa position.

Croisez — LA BAIONNETTE.

UN TEMPS ET DEUX MOUVEMENTS.

Premier mouvement.

98. (Pl. IV.) Faire un demi-à-droite sur le talon gauche, placer en même temps le pied droit en équerre derrière le talon gauche, le milieu du pied vis-à-vis et à huit centimètres (trois pouces) du talon; tourner l'arme avec la main gauche, la platine en dessus, et la saisir en même temps à la poignée avec la main droite, l'arme d'aplomb et détachée de l'épaule; laisser la main gauche sous la crosse.

Deuxième mouvement.

99. Abattre l'arme avec la main droite dans la main gauche, qui la saisira un peu en avant de la capucine, le canon en dessus le coude gauche près du corps, la main droite appuyée contre la hanche droite la pointe de la baïonnette à hauteur de l'œil. Les hommes du second et du troisième rang auront attention que la pointe de leurs baïonnettes ne touche pas leurs chefs de file.

Portez — VOS ARMES.

UN TEMPS ET DEUX MOUVEMENTS.

Premier mouvement.

100. Tourner sur le talon gauche pour se remettre face en tête, rapporter le talon droit à côté du gauche, redresser en même temps l'arme de la main droite, la porter à l'épaule gauche, et placer la main gauche sous la crosse

Deuxième mouvement.

101. Laisser tomber vivement la main droite à sa position.

CHARGE EN DOUZE TEMPS.

1. *Chargez* — VOS ARMES.

UN TEMPS ET DEUX MOUVEMENTS.

Premier mouvement. (Pl. V, *fig.* 1.)

102. Comme le premier mouvement de *croisez la baïonnette*, excepté que le milieu du pied droit appuiera contre le talon gauche.

Deuxième mouvement.

183. Abattre l'arme avec la main droite dans la main gauche, qui viendra en même temps la saisir à la capucine, le pouce allongé le long du bois, la crosse sous l'avant-bras

droit, la poignée du fusil contre le corps à environ cinq centimètres (deux pouces) au-dessous du teton droit, le bout du canon à hauteur de l'œil, la sous-garde un peu en dehors, le coude gauche appuyé sur le côté, en même temps que l'arme tombera dans la main gauche, le pouce de la main droite se placera contre la batterie au-dessus de la pierre, les quatre autres doigts fermés, l'avant-bras droit le long de la crosse.

2. *Ouvrez* — LE BASSINET.

UN TEMPS ET UN MOUVEMENT.

104. Découvrir le bassinet en poussant fortement la batterie avec le pouce de la main droite, la main gauche résistant et contenant l'arme ; retirer aussitôt le coude droit en arrière, porter la main à la giberne, en la passant entre la crosse et le corps, et ouvrir la giberne.

3. *Prenez* — LA CARTOUCHE.

UN TEMPS ET UN MOUVEMENT.

105. Prendre la cartouche entre le pouce et les deux premiers doigts, et la porter entre les dents, la main droite passant entre la crosse et le corps.

4. *Déchirez* — LA CARTOUCHE.

UN TEMPS ET UN MOUVEMENT.

106. Déchirer la cartouche jusqu'à la poudre, la tenant près de l'ouverture entre le pouce et les deux premiers doigts ; la descendre et la placer perpendiculairement contre le bassinet, la paume de la main droite tournée vers le corps, le coude droit appuyé sur la crosse.

5. AMORCEZ.

UN TEMPS ET UN MOUVEMENT.

107. Baisser la tête, fixer les yeux sur le bassinet, le remplir de poudre, resserrer la cartouche près de l'ouverture avec le pouce et le premier doigt, relever la tête et porter la main droite derrière la batterie, en appuyant les deux derniers doigts contre.

6. *Fermez* — LE BASSINET.

UN TEMPS ET UN MOUVEMENT.

108. Résister de la main gauche, fermer fortement le bassinet avec les deux derniers doigts, tenant toujours la cartouche entre les deux premiers et le pouce ; saisir aussitôt la poignée du fusil avec les deux derniers doigts et la paume de la main droite, le poignet droit joint au corps, le coude en arrière et un peu détaché du corps.

7. *L'arme* — A GAUCHE.

UN TEMPS ET DEUX MOUVEMENTS.

Premier mouvement.

109. Passer l'arme le long de la cuisse gauche, en la redressant près du corps; à cet effet appuyer fortement sur la crosse en étendant vivement le bras droit, sans baisser l'épaule droite ; tourner en même temps la baguette vers le corps, ouvrir la main gauche et laisser glisser l'arme dans cette main jusqu'au dessous de la grenadière, le coude restant près du corps, le chien portant sur le pouce de la main droite, faire en même temps face en tête en tournant sur le talon gauche, et porter le pied droit en avant, le talon contre le milieu du pied gauche.

Deuxième mouvement.

110. Lâcher le fusil de la main droite, descendre l'arme avec la main gauche le long et près du corps, remonter en même temps la main droite à hauteur et près du bout du canon, poser la crosse à terre sans frapper, la main gauche appuyée au corps, l'arme touchant la cuisse gauche, le bout du canon vis-à-vis le milieu du corps.

8. *Cartouche* — DANS LE CANON. (Pl. V, *fig.* 11.)

UN TEMPS ET UN MOUVEMENT.

111. Porter l'œil sur le bout du canon, tourner brusquement le dessus de la main droite vers le corps, pour renverser la poudre dans le canon, en élevant le coude à hauteur du poignet; secouer la cartouche, l'enfoncer dans le canon, et laisser la main renversée, les doigts fermés sans les serrer.

9. *Tirez* — LA BAGUETTE.

UN TEMPS ET TROIS MOUVEMENTS.

Premier mouvement.

112. Baisser vivement le coude droit, et saisir la baguette entre le pouce et le premier doigt ployé, les autres fermés; la tirer vivement en allongeant le bras, la ressaisir par le milieu entre le pouce et le premier doigt, la main renversée, la paume de la main en avant, les ongles en l'air, les yeux suivant le mouvement de la main; dégager la baguette du tenon en allongeant de nouveau le bras.

Deuxième mouvement.

113. Tourner rapidement la baguette entre la baïonnette et le visage, en fermant les doigts, les baguettes des hommes du second et du troisième rang rasant l'épaule droite

de l'homme qui est immédiatement devant eux dans leur file, la baguette droite et parallèle à la baïonnette, le bras tendu, le gros bout de la baguette vis-à-vis l'embouchure du canon sans y être engagé, les yeux fixés sur cette embouchure.

Troisième mouvement.

114. Mettre le gros bout de la baguette dans le canon, et l'y enfoncer jusqu'à la main.

10. BOURREZ.

UN TEMPS ET UN MOUVEMENT.

115. Etendre le bras de toute sa longueur, en remontant la main droite pour saisir la baguette avec le pouce allongé, le premier doigt ployé et les autres fermés; la chasser avec force dans le canon deux fois de suite, et la ressaisir par le petit bout entre le pouce et le premier doigt ployé, les autres fermés, le coude droit joint au corps.

11. *Remettez* — LA BAGUETTE.

UN TEMPS ET TROIS MOUVEMENTS.

Premier mouvement.

116. Tirer vivement la baguette, la ressaisir par le milieu entre le pouce et le pre-

mier doigt, la main renversée, la paume de la main en avant, les ongles en l'air, les yeux suivant le mouvement de la main ; dégager la baguette du canon en allongeant le bras.

Deuxième mouvement.

117. Tourner rapidement la baguette entre la baïonnette et le visage en fermant les doigts, les baguettes des hommes du second et du troisième rang rasant l'épaule droite de l'homme qui est immédiatement devant eux dans leur file, la baguette droite et parallèle à la baïonnette, le bras tendu, le petit bout de la baguette vis-à-vis l'entrée du tenon sans y être engagé, les yeux fixés sur cette entrée.

Troisième mouvement.

118. Engager le petit bout dans le tenon et faire glisser la baguette avec le pouce qui l'accompagnera jusqu'à la grenadière ; remonter vivement la main un peu ployée ; mettre le petit doigt sur le gros bout de la baguette, afin d'achever de l'enfoncer ; descendre la main gauche le long du canon, en allongeant le bras de toute sa longueur sans baisser l'épaule.

12. *Portez* — VOS ARMES. (Pl. V. *fig.* 3.)

UN TEMPS ET TROIS MOUVEMENTS.

Premier mouvement.

119. Elever l'arme avec la main gauche le long du corps, la main à hauteur du menton, l'avant-bras joint à l'arme, le canon en dehors; descendre en même temps la main droite pour saisir l'arme au-dessus de la poignée, le premier doigt touchant le chien, et le pouce sur la contre-platine.

Deuxième mouvement.

120. Elever l'arme de la main droite, descendre la main gauche et la porter sous la crosse, rapporter le talon droit à côté du gauche et sur le même alignement, appuyer l'arme avec la main droite contre l'épaule dans la position indiquée pour le port d'armes, la maiu droite restant à l'arme sans la serrer.

Troisième mouvement.

121. Laisser tomber vivement la main droite le long de la cuisse dans la position prescrite.

Apprêtez — VOS ARMES.

UN TEMPS ET QUATRE MOUVEMENTS.

Position du premier rang.

Premier mouvement.

122. (Pl. VI, *fig.* 1.) Tourner l'arme avec la main gauche, la platine en dessus, la saisir à la poignée avec la main droite, et tourner un peu la pointe du pied gauche en dedans.

Deuxième mouvement.

123. Porter vivement le pied droit en arrière, la pointe du pied à environ soixante-seize centimètres (vingt-huit pouces) du talon gauche, et à seize centimètres (six pouces) sur la droite, suivant la taille de l'homme, de manière que le genou posant à terre, comme il sera expliqué au troisième mouvement, se trouve à environ vingt-sept centimètres (dix pouces) en arrière du talon gauche, et à seize centimètres (six pouces) sur la droite; les genoux un peu ployés, le corps d'aplomb et portant également sur deux jambes; descendre en même temps l'arme, avec la main droite, vis-à-vis la cuisse droite, en achevant de la tourner, la baguette en avant; la saisir avec la main gauche à la capucine, la main à hauteur du coude.

Troisième mouvement.

124. Poser le genou droit à terre, en observant de ne pas tomber brusquement; poser la crosse à terre sans frapper, de manière qu'elle soit devant la cuisse droite, son bec sur l'alignement du talon gauche; saisir le chien avec le pouce et le premier doigt de la main droite.

Quatrième mouvement.

125. Armer, en appuyant fortement sur la tête du chien, et l'accompagnant avec le pouce et le premier doigt jusqu'au cran d'arrêt.

Position du second rang.

Premier mouvement.

126. (Pl. VI, *fig.* 2.) Comme le premier mouvement du premier temps de la charge.

Deuxième mouvement.

127. Apporter l'arme avec la main droite au milieu du corps, placer la main gauche, le petit doigt joignant le ressort de la batterie, le pouce allongé le long du bois, à hauteur du menton, la contre-platine tournée presque vers le corps, la baguette vers le front du bataillon.

Troisième mouvement.

128. Porter le pouce de la main sur la tête du chien, le premier doigt au-dessous et contre la sous-garde, les trois autres doigts joints au premier, le coude à hauteur de la main.

Quatrième mouvement.

129. Fermer vivement le coude droit en armant, saisir l'arme à la poignée, la descendre le long du corps, en la faisant glisser jusqu'à la capucine dans la main gauche, qui restera à hauteur de l'épaule.

Position du troisième rang.

130. (Pl. VII, *fig.* 2.) Premier, second, troisième et quatrième mouvements comme ceux du second rang.

JOUE.

UN TEMPS ET UN MOUVEMENT.

131. (Pl. VII. *fig.* 1 et 2.) Abaisser vivement le bout du canon, la main gauche restant à la capucine; appuyer la crosse contre l'épaule, les coudes abattus sans être serrés au corps; fermer l'œil gauche, diriger l'œil droit le long du canon, abaisser la tête sur la crosse pour ajuster, et placer le premier doigt sur la détente.

132. (Pl. VII. *fig*. 3.) Les hommes du troisième rang seulement, porteront en même temps le pied droit à vingt-deux centimètres (huit pouces) sur la droite, vers le talon gauche de l'homme qui est à côté d'eux.

FEU.

UN TEMPS ET UN MOUVEMENT.

133. Appuyer avec force le premier doigt sur la détente, sans baisser davantage la tête ni la détourner, et rester dans cette position.

CHARGEZ.

UN TEMPS ET DEUX MOUVEMENTS.

134. Retirer brusquement l'arme, et prendre la position du deuxième mouvement du premier temps de la charge, excepté que le pouce de la main droite au lieu de se placer contre la batterie, saisira la tête du chien avec le premier doigt ployé et les autres fermés. Le premier rang se relèvera vivement, sans pencher le corps en avant, mais en effaçant l'épaule droite, afin de ne pas rencontrer l'arme du deuxième rang; le troisième rang rapportera le pied droit derrière le gauche.

Deuxième mouvement.

135. Relever le chien jusqu'au cran du re-

pos, en évitant d'armer; porter aussitôt la main à la giberne, en la passant entre la crosse et le corps, et ouvrir la giberne.

136. Lorsqu'après avoir tiré, l'instructeur, au lieu de faire charger les armes voudra les faire porter, il commandera :

Portez—VOS ARMES.

UN TEMPS ET UN MOUVEMENT.

137. Au commandement de *portez*, prendre la position du deuxième mouvement du premier temps de la charge, mettre le chien au repos comme il vient d'être expliqué; fermer le bassinet et saisir le fusil à la poignée ; au commandement de *vos armes*, porter les armes vivement, et se remettant face en tête.

138. Les soldats étant dans la position de *joue*, lorsque l'instructeur voudra leur faire redresser les armes, il commandera :

Redressez—VOS ARMES.

UN TEMPS ET UN MOUVEMENT.

139. Retirer le doigt de dessus la détente, redresser fortement l'arme et reprendre la position du quatrième mouvement du temps d'*apprêtez vos armes*.

140. Les soldats étant dans la position du

quatrième mouvement d'*apprêtez vos armes*, si l'instructeur veut leur faire porter l'arme, il commandera :

Portez—VOS ARMES.

141. Au commandement de *portez*, le premier rang se relèvera et les deux autres reviendront face en tête; les trois rangs rapporteront l'arme au milieu du corps, le pouce de la main gauche à hauteur du menton et le petit doigt touchant le ressort de la batterie; placer ensuite le pouce de la main droite sur la tête du chien; appuyer le premier doigt sur la détente, soutenir en même temps le chien en le laissant descendre près de la face de la batterie, le relever jusqu'à ce que le bec de la gâchette tombe dans le cran du repos, ce dont on sera averti par un léger bruit, et saisir l'arme à la poignée avec la main droite. Au commandement de *vos armes*, porter vivement l'arme à l'épaule, et reprendre la position du port d'armes.

142. Les soldats étant au port d'armes, lorsque l'instructeur voudra faire remettre la baïonnette, il commandera :

Remettez—LA BAÏONNETTE.

UN TEMPS ET TROIS MOUVEMENTS.

Premier mouvement.

143. Descendre l'arme en allongeant vivement le bras gauche, la saisir avec la main droite au-dessus et près de la capucine.

Deuxième mouvement.

144. Descendre l'arme de la main droite le long de la cuisse gauche, la saisir de la main gauche, au dessus de la droite, allonger le bras gauche, poser la crosse à terre sans frapper, et porter en même temps la main droite à la baïonnette, la saisir par la douille et la branche, de manière que l'extrémité de la douille dépasse le talon de la main de deux centimètres (un pouce), et qu'en la tirant le pouce s'allonge sur la lame.

Troisième mouvement.

145. Oter la baïonnette, la remettre dans le fourreau, porter ensuite le petit doigt de la main droite sur le gros bout de la baguette, descendre la main gauche le long du canon, en allongeant le bras sans baisser l'épaule.

Portez—VOS ARMES.

146. Comme au douzième temps de la charge.

L'arme sous le bras—GAUCHE.

UN TEMPS ET DEUX MOUVEMENTS.

Premier mouvement.

147. Saisir brusquement l'arme avec la main droite, le pouce sur la contre-platine et le premier doigt contre le chien ; détacher en même temps l'arme de l'épaule, le canon en dehors, sans que le bec de la crosse change de place, la saisir avec la main gauche à la capucine, le pouce allongé sur la baguette, l'arme d'aplomb vis à vis l'épaule, le coude gauche joint à l'arme.

Deuxième mouvement.

148. Renverser l'arme, la passer sous le bras gauche, la main gauche restant à la capucine, le pouce appuyé sur la baguette pour l'empêcher de glisser, le petit doigt appuyé à la hanche; la main droite tombant en même temps à sa position.

Portez—VOS ARMES.

UN TEMPS ET DEUX MOUVEMENTS.

Premier mouvement.

149. Relever l'arme de la main gauche, sans trop brusquer ce mouvement, pour empêcher que la baguette ne s'échappe des tenons; la saisir de la main droite à la poignée pour l'appuyer contre l'épaule; quitter en

même temps l'arme de la main gauche, et placer brusquement cette main sous la crosse.

Deuxième mouvement.

150. Laisser tomber vivement la main droite à sa position; descendre en même temps l'arme avec la main gauche à la position du port d'armes.

Baïonnette—**AU CANON.**

UN TEMPS ET TROIS MOUVEMENTS.

Premier et second mouvement.

151. Comme le premier et le second mouvement de *remettez la baïonnette*, excepté qu'à la fin du second mouvement la main droite ira saisir la baïonnette par la douille et la branche, de manière que l'extrémité de la douille dépasse de deux centimètres (un pouce) le talon de la main.

Troisième mouvement.

152. Arracher la baïonnette du fourreau, la porter et la fixer au bout du canon; mettre le petit doigt de la main droite sur le gros bout de la baguette, descendre la main gauche le long du canon en allongeant le bras sans baisser l'épaule.

Portez—**VOS ARMES.**

153. Comme au douzième temps de la charge.

Descendez—VOS ARMES.

UN TEMPS ET DEUX MOUVEMENTS.

Premier mouvement.

154. (Pl. VIII, *fig.* 1.) Comme le premier mouvement de *reposez-vous sur vos armes.*

Deuxième mouvement.

155. Incliner un peu le bout du canon en avant, la crosse en arrière et à environ huit centimètres (trois pouces) de terre, la main droite appuyée à la hanche, contiendra l'arme de manière que les hommes du second et du troisième rang ne touchent pas avec leurs baïonnettes ceux qui sont devant eux.

Portez — VOS ARMES.

156 Au commandement de *portez*, redresser l'arme perpendiculairement dans la main droite ; au commandement de *vos armes*, exécuter ce qui a été prescrit pour les porter, en partant de la position du soldat reposé sur l'arme.

L'arme sur l'épaule — DROITE.

UN TEMPS ET UN MOUVEMENT.

157. (Pl. VIII. *fig.* 2.) Tourner l'arme avec

la main gauche, la platine en dessus; la saisir en même temps avec la main droite à la poignée, la porter sur l'épaule droite, la main gauche ne quittant pas la crosse, le chien en dessus, le bout du canon en l'air; contenir l'arme dans cette position, en plaçant la main droite sur le plat de la crosse, de manière que le bec se trouve entre les deux premiers doigts, et que les autres doigts soient sous la crosse, laisser tomber la main gauche dans le rang.

Portez — VOS ARMES.

158. Redresser l'arme en allongeant le bras droit, la saisir avec la main gauche au dessus de la batterie, la rapporter contre l'épaule gauche, en tournant le canon en dehors; la main droite étant à la poignée, placer la main gauche sous la crosse, et laisser tomber la main droite dans le rang.

L'arme — A VOLONTÉ.

UN TEMPS ET UN MOUVEMENT.

159. Porter l'arme indifféremment sur l'une ou l'autre épaule, d'une ou de deux mains, l'extrémité du canon en l'air.

Portez — VOS ARMES.

160. Reprendre vivement la position du port d'armes.

161. Les soldats étant reposés sur les armes, lorsque l'instructeur voudra faire mettre les armes à terre, il commandera :

Vos armes — A TERRE.

UN TEMPS ET DEUX MOUVEMENTS.

Premier mouvement.

162. Tourner l'arme de la main droite la contre-platine en avant, saisir en même temps la giberne par le coin du coffret avec la main gauche, courber le corps brusquement, avancer le pied gauche, le talon vis-à-vis la capucine; poser l'arme à terre, droit devant soi, avec la main droite, le talon de la crosse restant toujours à hauteur de la pointe du pied droit, le jarret droit un peu ployé, le talon droit élevé.

Deuxième mouvement.

163. Se relever, rapporter le pied gauche à côté du droit, lâcher la giberne, et laisser tomber les deux mains à leur position.

Relevez — VOS ARMES.

UN TEMPS ET DEUX MOUVEMENTS.

Premier mouvement.

164. Saisir le coin de la giberne avec la

main gauche, courber le corps brusquement, avancer le pied gauche, le talon vis-à-vis la capucine, le jarret droit un peu ployé, le talon droit élevé, et saisir l'arme avec la main droite.

Deuxième mouvement.

165. Relever l'arme, rapporter le pied gauche à côté du droit, retourner aussitôt l'arme avec la main droite, la baguette en avant; lâcher en même temps la giberne, et laisser tomber la main gauche à sa position.

Inspection des armes.

166. Les soldats étant reposés sur les armes, et en ayant la baïonnette dans le fourreau, si l'instructeur veut faire l'inspection des armes, il commandera :

Inspection — DES ARMES.

UN TEMPS ET TROIS MOUVEMENTS.

Premier mouvement.

167. Faire un à-droite et demi sur le talon gauche, en portant le pied droit à seize centimètres (six pouces) du gauche, perpendiculairement en arrière de l'alignement, les pieds en équerre; saisir brusquement l'arme de la main gauche un peu au-dessus de la

grenadière, incliner le bout du canon en arrière sans que la crosse bouge, la baguette tournée vers le corps; porter en même temps la main droite à la baïonnette, et la saisir comme il est prescrit au nº 144.

Deuxième mouvement.

168. Arracher la baïonnette du fourreau, la porter et la fixer au bout du canon; saisir ensuite la baguette, la tirer comme il est expliqué à la charge en douze temps, et la laisser glisser dans le canon.

Troisième mouvement.

169. Se remettre vivement face en tête, en saisissant l'arme avec la main droite, et prendre la position du soldat reposé sur l'arme.

170. L'instructeur inspectera ensuite successivement l'arme de chaque soldat, en passant devant le rang. Chaque soldat, à mesure que l'instructeur passera devant lui, élèvera vivement son arme de la main droite, la saisira avec la main gauche entre la capucine et le ressort de la batterie, la platine en dehors, la main gauche à hauteur du menton, l'arme vis-à-vis l'œil gauche; l'instructeur la prendra, et la lui rendra après l'avoir examinée; le soldat la reprendra de la main

droite et la replacera à la position du *soldat reposé sur l'arme.*

171. Lorsque l'instructeur l'aura dépassé, chaque soldat reprendra la position prescrite au commandement d'*inspection des armes*, et remettra la baguette ; après quoi il reviendra face en tête.

172. Si au lieu de faire l'inspection des armes, l'instructeur veut seulement faire mettre la baïonnette au canon, il commandera :

Baïonnette — AU CANON.

173. Prendre la position indiquée ci-dessus, n° 167, mettre la baïonnette au bout du canon, comme il a été expliqué, et revenir aussitôt face en tête.

174. La baïonnette étant au bout du canon, si l'instructeur veut faire mettre la baguette dans le canon, pour faire l'inspection des armes après avoir tiré, il commandera :

Baguette — DANS LE CANON.

175. Mettre la baguette dans le canon, comme il a été expliqué ci-dessus, et faire aussitôt face en tête.

176. L'instructeur, voulant seulement examiner si l'arme n'est pas chargée, pourra, pour s'en assurer, prendre la baguette par le

petit bout, et la faire sauter dans le canon.

177. Chaque soldat, à mesure que l'instructeur l'aura dépassé, reprendra la position prescrite au commandement de *baguette dans le canon*, remettra la baguette, et reviendra face en tête.

TROISIÈME LEÇON.

Charge en quatre temps.

La charge en quatre temps est une superfétation tout-à-fait inutile aux gardes nationaux. Sur le champ de bataille, on charge à volonté, le plus régulièrement possible, et il suffit, pour cela de connaître la charge en douze temps. Les paragraphes de 178 à 190 inclusivement sont, en conséquence d'une complète inutilité.

QUATRIÈME LEÇON.

Feux.

191. Les feux seront directs ou obliques, et s'exécuteront ainsi qu'il va être expliqué.

Feu direct.

192. L'instructeur fera les commandements suivants :

1. *Feu de Peloton.*
2. *Peloton.*

3. ARMES.
4. JOUE.
5. FEU.
6. CHARGEZ.

193. Ces divers commandements seront exécutés comme il a été prescrit au maniement des armes. Au troisième, les trois hommes prendront la position qui a été indiquée, suivant le rang dans lequel ils se trouvent placés ; après le sixième commandement, ils chargeront leurs armes et les porteront.

Feux obliques.

194. Les feux obliques s'exécuteront à droite et à gauche, et par les mêmes commandements que le feu direct, avec cette seule différence que le commandement de *joue* sera précédé chaque fois par le commandement de *oblique à droite* ou *oblique à gauche*, qui sera fait après celui d'*armes*.

Position des trois rangs dans les feux obliques à droite.

195. Au commandement d'*armes*, les trois rangs exécuteront ce qui leur a été prescrit pour le feu direct.

196. Au commandement d'avertissement de *oblique à droite*, les trois rangs effaceront l'épaule droite, et regarderont fixement

l'objet sur lequel ils doivent tirer ; dans cette position, les deux derniers rangs seront prêts à mettre en joue dans le même créneau que dans le feu direct, quoique dans une direction oblique.

197. Au commandement de *joue*, le premier rang dirigera le bout du canon à droite, en inclinant le genou gauche en dedans sans déranger les pieds. Le second rang dirigera de même le bout du canon à droite sans bouger les pieds. Le troisième rang avancera le pied gauche d'environ seize centimètres (six pouces) vers la pointe du pied droit de l'homme du second rang de sa file, portera le haut du corps en avant, en pliant un peu le genou gauche, et dirigera le bout du canon à droite.

198. Au commandement de *chargez*, les trois rangs reprendront la position qui leur a été prescrite dans le feu direct ; le troisième rang rapportera le talon gauche vis-à-vis le milieu du pied droit en retirant l'arme.

Position des trois rangs dans les feux obliques à gauche.

199. Au commandement d'*armes*, les trois

rangs exécuteront ce qui leur a été prescrit pour le feu direct.

200. Au commandement d'avertissement de *oblique à gauche*, les trois rangs efface-ront l'épaule gauche, et regarderont fixement l'objet sur lequel ils doivent tirer : dans cette position, les hommes des deuxième et troisième rangs seront prêts à mettre en joue dans le créneau à gauche de leur chef de file et dans une direction oblique.

201. Au commandement de *joue*, le premier rang dirigera le bout du canon à gauche sans incliner le genou, ni bouger les pieds. Le deuxième rang mettra en joue dans le créneau à gauche de son chef de file, sans bouger les pieds. Le troisième rang avancera le pied gauche d'environ seize centimètres (six pouces) vers le talon droit de l'homme du second rang de sa file; il avancera aussi le haut du corps en ployant un peu le genou gauche, et mettra en joue dans le créneau à gauche de son chef de file.

202. Au commandement de *chargez*, les trois rangs retireront leurs armes dans la position oblique où elles se trouvent, et amorceront dans cette position ; le troisième rang rapportera le talon gauche vis-à-vis le

milieu du pied droit. En passant l'arme à gauche, les trois rangs prendront la même position que dans le feu direct.

Observations relatives aux feux obliques.

Effacer une épaule en mettant en joue ;

203. Afin de pouvoir diriger le bout du canon plus ou moins obliquement, selon la position de l'objet auquel on visera.

Porter le pied gauche à seize centimètres (six pouces) en avant, et faire avancer le haut du corps au troisième rang ;

Dans le feu oblique à gauche, retirer les armes, et amorcer dans la position oblique où elles se trouvent.

Feu de deux rangs.

204. Le feu de deux rangs s'exécutera par les deux premiers rangs ; le troisième, ne faisant que charger et passer l'arme au second rang, ne tirera point ; au moyen de cette disposition le premier rang tirera debout.

205. L'instructeur fera les commandements suivants :

1. *Feux de deux rangs.*
2. *Peloton.*
3. ARMES.
4. COMMENCEZ LE FEU.

206. Au troisième commandement, les trois rangs prendront la position prescrite pour les deuxième et troisième rangs dans les feux directs, excepté que le troisième rang n'armera pas.

207. Au quatrième commandement, l'homme du premier rang et celui du second mettront en joue ensemble, et feront feu ; celui du second rang, en mettant en joue, portera le pied droit à vingt-deux centimètres (huit pouces) sur la droite; vers le talon gauche de l'homme qui est à côté de lui, et fera feu dans cette position. L'homme du troisième rang ne devant pas tirer, ne fera que charger et passer son arme à celui du second rang.

208. L'homme du premier rang chargera vivement son arme, et tirera de nouveau ; puis rechargera son arme, fera feu de nouveau ; et ainsi de suite.

209. L'homme du second rang, après avoir fait feu, passera son arme de la main droite, au soldat du troisième rang de sa file ; celui-ci la prendra de la main gauche, et passera la sienne, de la main droite au soldat du second rang, qui la recevra de la main gauche ; l'homme du second rang tirera avec l'arme de celui du troisième, la

chargera ensuite, et tirera un second coup avec la même arme, qu'il repassera aussitôt à l'homme du troisième rang, et ainsi de suite; en sorte que l'homme du deuxième rang tire toujours deux coups de suite avec la même arme, avant de la repasser à celui du troisième rang, excepté la première fois.

210. Après le premier feu, l'homme du premier rang et celui du second ne s'astreindront plus à tirer ensemble.

211. Les trois rangs feront toujours face en tête en passant l'arme à gauche; et, après avoir chargé, ils prendront la position indiquée ci-dessus, n. 126 et suivants : à cet effet, chaque soldat, ayant remis la baguette, élèvera son arme de la main gauche, la faisant glisser dans cette main, qui se placera contre le ressort de la batterie à hauteur du menton, en même temps qu'il fera un demi à droite pour revenir à la position prescrite, et que le pouce de la main droite se placera sur la tête du chien pour armer, le premier doigt au-dessous et contre la sous-garde. Le premier et le second rang, après avoir armé, prendront la position prescrite au n. 129; l'homme du troisième rang pas-

sera toujours son fusil à celui du second rang sans être armé.

212. Lorsque l'instructeur voudra faire cesser le feu, il commandera :

Roulement.

213. A ce commandement, le soldat ne tirera plus; chaque homme mettra son arme au repos, la chargera ou achèvera de la charger, si elle ne l'est pas, et la portera; les hommes du second et du troisième rang, ayant attention de reprendre l'arme qui leur appartient.

(Les paragraphes 214, 215 et 216 ne sont que le développement des six paragraphes précédents.)

Observations relatives à la seconde partie de l'école du soldat.

217. L'instructeur terminera toujours la leçon par les faire marcher pendant quelque temps sur un rang, et à un pas l'un de l'autre, afin de les affermir de plus en plus dans le mécanisme du pas direct et du pas oblique; il leur montrera aussi à marquer et à changer le pas, ce qui s'exécutera de la manière suivante :

Marquer le pas.

218. Les trois hommes étant en marche au pas ordinaire, l'instructeur commandera :

1. *Marquez le pas.*

2. MARCHE.

219. Au second commandement, qui sera fait à l'instaut où le pied va poser à terre, les soldats simuleront le pas, en rapportant les talons l'un à côté de l'autre, et en observant la cadence du pas.

220. Lorsque l'instructeur voudra faire reprendre le pas ordinaire, il commandera :

1. *En avant.*

2. MARCHE.

221. Au second commandement, qui sera fait comme il est prescrit ci-dessus, les soldats reprendront le pas de deux pieds.

Changer le pas.

222. Les soldats, étant en marche au pas ordinaire, l'instructeur commandera :

1. *Changez le pas.*

2. MARCHE.

223. Au second commandement, qui sera

fait à l'instant où le pied va poser à terre, les soldats rapporteront vivement le pied qui est derrière à côté de celui qui vient de poser à terre, et repartiront de ce dernier pied.

TROISIÈME PARTIE.

PREMIÈRE LEÇON.

Alignements.

224. L'instructeur exercera d'abord les soldats de recrue à s'aligner homme par homme afin de leur mieux faire comprendre les principes de l'alignement ; à cet effet, il commandera aux deux premiers hommes de l'aile droite de marcher deux pas en avant, et les ayant alignés, il avertira successivement chaque homme, en les désignant par son numéro, de se porter sur l'alignement des deux premiers.

225. Chaque soldat, à l'avertissement qui lui sera fait par l'instructeur de se porter sur l'alignement, tournera la tête et les yeux à droite dans la position prescrite à la première leçon de la première partie, marchera, dans la cadence du pas ordinaire, deux pas en

avant, en racourcissant le dernier de manière à se trouver à environ seize centimètres (six pouces) en arrière du nouvel alignement, qu'il ne doit jamais dépasser; il se portera ensuite par de petits pas, les jarrets tendus, tranquillement et sans saccade, à côté de l'homme auquel il doit appuyer, de manière que, sans déranger la position de sa tête, la ligne de ses yeux, ainsi que celle de ses épaules, se trouve dans la direction de celle de son voisin, et qu'il sente légèrement le coude de ce dernier, sans ouvrir le sien.

226. L'instructeur, voyant les soldats alignés, commandera :

FIXE.

227. A ce commandement les soldats replaceront la tête dans la position directe.

228. L'alignement à gauche se prendra d'après les mêmes principes.

229. Lorsque les hommes de recrue auront ainsi appris à s'aligner, homme par homme, correctement et sans tâtonner, l'instructeur fera aligner le rang entier à la fois, par le commandement suivant :

A droite (ou *à gauche*) ALIGNEMENT.

230. A ce commandement, le rang, à l'exception des deux hommes placés d'avance

pour servir de base à l'alignement, se portera au pas ordinaire sur la nouvelle ligne, et s'y placera d'après les principes prescrits ci-dessus, n. 225.

231. L'instructeur, placé à cinq ou six pas en avant et faisant face au rang, veillera à l'observation des principes, et se portera ensuite à l'aile qui a servi de base à l'alignement pour le vérifier.

232. L'instructeur, voyant le plus grand nombre des soldats alignés, commandera :

FIXE.

233. L'instructeur commandera ensuite aux hommes qui ne seraient pas alignés, *telle file* ou *telles files*, *rentrez* ou *sortez*, en les désignant par leurs numéros : la file ou les files désignées tourneront légèrement la tête du côté de l'alignement, pour juger de combien elles doivent avancer ou reculer, se porteront tranquillement sur la ligne, et replaceront ensuite la tête dans la position directe.

234. Les alignements en arrière se prendront d'après les mêmes principes : les soldats se porteront un peu en arrière de la ligne, et s'y replaceront ensuite par de petits mouvements en avant, conformément à ce qui a été prescrit n° 225 ; l'instructeur commandera :

En arrière à droite (*ou à gauche*) — **ALIGNEMENT.**

Observations relatives aux principes d'alignements.

235, 236 et 237. L'instructeur s'attachera à faire observer les principes suivants :

Que le soldat arrive tranquillement sur la ligne ;

Qu'il ne penche pas le corps en arrière, ni la tête en avant ;

Qu'il ne tourne la tête que le moins possible, seulement de manière à voir la ligne des yeux et à apercevoir legèrement la poitrine du deuxième homme du côté de l'alignement,

Qu'il ne dépasse jamais l'alignement.

Qu'au commandement de *fixe*, le soldat cesse tout mouvement, quand même il ne serait pas aligné,

Qu'au commandement de *telle file.* ou *telles files, rentrez* ou *sortez*, celles qui n'auront pas été désignées, ne bougent plus.

Que, dans les alignements en arrière le soldat dépasse un peu la ligne en reculant; afin de se placer sur la ligne par un petit mouvement en avant.

DEUXIÈME LEÇON.

Marche de front.

238. Le rang étant correctement aligné, lorsque l'instructeur voudra le faire marcher en avant, il placera un homme bien dressé à la droite ou à la gauche, selon le côté où il voudra que soit le guide, et commandera :

1. *Peloton en avant.*
2. *Guide à droite* (ou *à gauche.*)
3. MARCHE.

239. Au commandement de *marche,* le rang partira vivement du pied gauche ; le guide aura soin de marcher droit devant lui et de maintenir toujours ses épaules carrément.

240. L'instructeur fera observer les lignes suivantes :

Tenir légèrement au coude de son voisin du côté du guide ;

Ne point ouvrir le coude gauche, ni le bras droit; céder à la pression qui vient du côté du guide, et résister à celle qui vient du côté opposé; ne rejoindre qu'insensiblement le coude de son voisin du côté du guide, s'il venait à s'éloigner, ou si l'on s'en était soi-même écarté ; conserver toujours la tête directe, de quelque côté que le guide soit indiqué.

241 et 242. Les soldats étant affermis dans les principes de la marche directe, l'instructeur les exercera à marcher obliquement, d'abord du côté du guide, et ensuite du côté opposé au guide, en se conformant à ce qui est prescrit nos 48 et suivants.

243. Dans la marche oblique comme dans la marche directe, le tact des coudes doit toujours se prendre du côté du guide : ainsi chaque homme doit tenir légèrement au coude de son voisin de ce côté.

244. La marche oblique du côté opposé au guide étant beaucoup plus difficile que du côté du guide, l'instructeur recommandera de redoubler d'attention toutes les fois qu'on obliquera ainsi.

245. Lorsque ces divers principes seront devenus familiers aux hommes de recrue, et qu'ils seront bien affermis dans la position du corps, le port d'armes, le mécanisme, la longueur et la vitessc du pas ordinaire, l'instructeur les fera passer du pas ordinaire au pas accéléré, et du pas accéléré au pas ordinaire, en observant de ne les faire marcher obliquement au pas accéléré que quand ils seront bien affermis dans la cadence de ce pas.

246. La longueur du pas accéléré, soit direct, soit oblique, sera la même que celle du pas ordinaire ; mais sa vitesse sera de cent par minute.

247. Le rang étant en marche au pas ordinaire, l'instructeur commandera :

Pas accéléré.

2. MARCHE.

248. Au commandement de *marche*, qui sera fait sur l'un ou l'autre pied indistinctement, le rang prendra le pas accéléré.

249. Lorsque l'instructeur voudra faire reprendre le pas ordinaire, il commandera :

1. *Pas ordinaire.*

2. MARCHE.

250. Au commandement de *marche*, qui sera fait indistinctement sur l'un ou l'autre pied, le rang reprendra le pas ordinaire.

251. Le rang étant en marche, l'instructeur l'arrêtera par les commandements et moyens prescrits nos 37 et 38.

252. Si le rang marche au pas accéléré, le commandement de *halte* sera fait un instant avant que le pied soit prêt à poser à terre

253. Le rang étant en marche au pas ac-

céléré, l'instructeur lui fera quelquefois *marquer* et *changer le pas* ; il le fera également passer du pas direct au pas oblique et réciproquement, en se conformant à ce qui a été prescrit nos 243 et suivants.

254. La marche au pas accéléré s'exécutera d'après les mêmes principes qu'au pas ordinaire.

255. Le rang étant de pied ferme, l'instructeur lui fera marcher le pas en arrière : à cet effet, il commandera :

1. *Peloton en arrière.*
2. *Guide à gauche* (ou *à droite.*)
3. MARCHE.

256. Au commandement de *marche*, les soldats retireront vivement le pied gauche en arrière, et le porteront à la distance de trente-trois centimètres (un pied), à compter d'un talon à l'autre, et ainsi de suite jusqu'au commandement de *halte*, qui sera toujours précédé de celui de *peloton*. Les soldats s'arrêteront à ce commandement, en rapportant le pied qui est en avant à côté de l'autre.

257 et 258 L'instructeur veillera à ce que les hommes ne s'appuient pas sur leurs voisins, qu'ils se portent droit en arrière, et que

l'aplomb ainsi que la position du corps, et de l'arme, soient toujours conservés.

TROISIÈME LEÇON.

Marche de flanc.

259. Le rang étant de pied ferme et correctement aligné, l'instructeur fera les commandements suivants :

1. *Peloton par le flanc droit* (ou *gauche*).

2. A DROITE (OU A GAUCHE).

3. *Peloton en avant.*

4. MARCHE.

260. Au second commandement, le rang fera à droite ou à gauche.

261. Au commandement de *marche*, il partira vivement du pied gauche au pas ordinaire.

262. L'instructeur placera un homme bien dressé à côté du soldat qui est en tête du rang, pour régler son pas et le conduire, et il sera recommandé à ce soldat de marcher toujours coude à coude avec l'homme qui doit le diriger.

263. L'instructeur fera observer dans la marche de flanc les règles suivantes :

Que le pas s'exécute d'après les principes prescrits. — Qu'à chaque pas, le pied de l'homme qui précède soit remplacé par celui de l'homme qui suit, — Que le soldat ne ploie pas les genoux, pour éviter de marcher sur les talons de l'homme qui le précède ; — Que la tête de l'homme qui précède immédiatement chaque soldat lui cache celles de tous ceux qui sont devant lui.

264. L'instructeur se placera habituellement à cinq ou six pas sur le flanc des hommes qu'il instruit, pour veiller à l'observation des principes prescrits ci-dessus ; il se portera aussi quelquefois derrière le rang, s'arrêtera et lui laissera parcourir quinze ou vingt pas, afin d'observer si les hommes se maintiennent exactement derrière leurs chefs de file.

265. Lorsque l'instructeur voudra arrêter le rang marchant par le flanc et le remettre face en tête, il commandera :

1. *Peloton.*

2. HALTE.

3. FRONT.

266. Au second commandement, le rang s'arrêtera, et aucun homme ne bougera plus, quand même il aurait perdu sa distance ;

cette attention est nécessaire pour habituer les soldats à conserver toujours leurs distances.

267. Au troisième commandement, chaque homme se remettra face en tête par un à gauche, si l'on a marché par le flanc droit, et par un à droite, si l'on a marché par le flanc gauche.

268. Lorsque les hommes auront acquis l'habitude de la marche de flanc, l'instructeur les exercera à changer de direction par file; à cet effet, il commandera :

1. *Par file à gauche* (ou *à droite*).

2. MARCHE.

269. Au second commandement, le premier homme du rang changera de direction à gauche ou à droite, et marchera ensuite droit devant lui; chaque homme viendra successivement changer de direction à la même place que le premier.

270 L'instructeur fera aussi exécuter les à droite et les à gauche en marchant; à cet effet, il commandera :

1. *Peloton par le flanc gauche* (ou *droit*).

2. MARCHE.

271. Au second commandement qui sera

fait un peu avant que l'un ou l'autre pied indifféremment soit près de poser à terre, les soldats tourneront le corps, poseront le pied qui est levé dans la nouvelle direction, et partiront de l'autre pied sans altérer la cadence du pas.

272 et 273. Lorsque les hommes auront acquis de l'aisance et de la facilité dans la marche de flanc, l'instructeur les exercera à la marche de flanc au pas accéléré.

QUATRIÈME LEÇON.

Conversions.

PRINCIPES GÉNÉRAUX DES CONVERSIONS.

274. Les conversions sont de deux espèces : les conversions de pied ferme, et les conversions en marchant.

275. Les conversions de pied ferme ont lieu pour faire passer une troupe de l'ordre en bataille à l'ordre en colonne, ou de l'ordre en colonne à l'ordre en bataille.

276. Les conversions en marchant ont lieu dans les changements de direction en colonne, toutes les fois que ce mouvement s'exécute du côté opposé au guide.

277. Dans les conversions de pied ferme, l'homme qui est au pivot de la conversion ne

fait que tourner sur place, sans avancer ni reculer.

278. Dans les conversions, en marchant, l'homme, qui est au pivot, fait le pas de vingt-deux centimètres (huit pouces), afin de dégager le point de la conversion ; ce qui est nécessaire pour que les subdivisions d'une colonne puissent changer de direction sans perdre leur distance, ainsi qu'il sera expliqué à l'école de peloton.

279. Dans l'un et l'autre cas, l'homme qui est à l'aile marchante, doit toujours faire le pas de deux pieds.

280. Le mouvement de tourner à droite ou à gauche n'a lieu que dans les changements de direction en colonne du côté du guide, et il faut bien se garder de confondre ce mouvement avec les conversions en marchant.

Conversion de pied ferme.

281. Le rang étant de pied ferme, l'instructeur placera un homme bien dressé à l'aile qui devra marcher, pour la conduire, et commandera :

1. *Par peloton à droite.*

2. MARCHE.

282. Au second commandement les sol-

dats partiront du pied gauche, et tourneront en même temps la tête un peu à gauche, les yeux fixés sur la ligne des yeux des hommes qui sont à leur gauche : l'homme, qui est au pivot, ne fera que marquer le pas, en se conformant au mouvement de l'aile marchante ; l'homme qui conduit cette aile marchera le pas de deux pieds, avancera un peu l'épaule gauche dès le premier pas, jettera de temps en temps les yeux sur le rang, et sentira toujours le coude de l'homme qui est à côté de lui, mais légèrement et sans jamais le pousser.

283. Les autres soldats sentiront légèrement le coude de leur voisin du côté du pivot, résisteront à la pression qui vient du côté opposé, et se conformeront au mouvement de l'aile marchante, en faisant le pas d'autant plus petit qu'ils seront plus près du pivot.

284. L'instructeur fera parcourir une ou deux fois le tour du cercle avant d'arrêter le rang, afin de faire mieux sentir les principes ; il veillera avec soin à ce que le centre ne crève pas.

285. Il fera converser à gauche d'après les mêmes principes.

286. Lorsque l'instructeur voudra arrê-

ter la conversion, il fera les commandements suivants :

1. *Peloton.*

2. HALTE.

287. Au commandement de *halte*, le rang s'arrêtera, et aucun homme ne bougera plus. L'instructeur, se portant à l'aile opposée au pivot, placera les deux premiers hommes de cette aile dans la direction qu'il voudra donner au rang, ayant soin de ne laisser, entre eux et le pivot, que l'espace nécessaire pour y encadrer tous les autres ; il commandera ensuite :

3. *A gauche* (ou *à droite*) — ALIGNEMENT.

288. A ce commandement, le rang se placera sur l'alignement des deux hommes qui doivent servir de base, en se conformant aux principes prescrits.

289. L'instructeur commandera ensuite FIXE, ce qui sera exécuté comme il a été prescrit au n. 228.

Observations relatives aux principes des conversions de pied ferme.

290. Tourner un peu la tête du côté de l'aile marchante, et fixer les yeux sur la ligne des yeux des hommes qui sont de ce

côté ; — tenir légèrement au coude de son voisin du côté du pivot. — Résister à la pression qui vient du côté de l'aile marchante;

Conversion en marchant.

291. Lorsque les hommes de recrue exécuteront bien les conversions de pied ferme, on les exercera à converser en marchant.

292. A cet effet, le rang étant en marche, lorsque l'instructeur voudra lui faire changer de direction du côté opposé au guide, il fera les commandements suivants :

1. *A droite* (ou *à gauche*) *conversion.*

2. MARCHE.

293. Le premier commandement sera fait lorsque le rang sera à quatre pas du point de conversion.

294. Au second commandement, la conversion s'exécutera de la même manière que de pied ferme, excepté que le tact des coudes restera du côté du guide, au lieu de se prendre du côté du pivot; que l'homme qui est au pivot, au lieu de tourner sur place, se conformera au mouvement de l'aile marchante, sentira légèrement le coude de son voisin, fera le pas de vingt-deux centimètres (huit pouces), et gagnera ainsi du ter-

rain en avant, en décrivant une petite courbe de manière à dégager le point de la conversion ; le milieu du rang cintrera un peu en arrière. Aussitôt que le mouvement commencera, l'homme qui conduit l'aile marchante jettera les yeux sur le terrain qu'il doit parcourir.

295. La conversion étant achevée, l'instructeur commandera :

1. *En avant.*

2. MARCHE.

296. Le premier commandement sera prononcé lorsqu'il restera quatre pas à faire pour que la conversion soit achevée.

297. Au commandement de *marche*, qui sera fait à l'instant où la conversion sera achevée, l'homme, qui conduit l'aile marchante, se dirigera droit en avant ; l'homme qui est au pivot et tout le rang reprendront le pas de deux pieds et replaceront la tête directe.

Changer de direction du côté du guide.

298. Les changements de direction du côté du guide s'exécuteront ainsi qu'il suit ; l'instructeur commandera :

Tournez à gauche (ou *à droite*).

2. MARCHE.

299. Le premier commandement sera fait lorsque le rang sera à quatre pas du point où il doit changer de direction.

300 et 301. Au commandement de *marche*, qui sera prononcé à l'instant où le rang devra tourner, le guide fera à gauche ou à droite en marchant, et se prolongera dans la nouvelle direction, sans ralentir ni accélérer la cadence, sans allonger ni racourcir la mesure du pas. Tout le rang se conformera promptement, mais sans courir, à la nouvelle direction ; à cet effet, chaque homme avancera l'épaule opposée au guide, prendra le pas accéléré pour se porter dans la nouvelle direction, tournera la tête et les yeux du côté du guide et joindra le coude de son voisin du même côté, en se plaçant sur l'alignement du guide, dont il prendra le pas ; il replacera ensuite la tête et les yeux dans la position directe. Chaque homme arrivera ainsi successivement sur l'alignement du guide.

FORMER LES FAISCEAUX.

302. Les hommes étant formés su trois rangs, l'instructeur les fera reposer sur les armes, puis il commandera :

Formez — LES FAISCEAUX.

303. A ce commandement, l'homme du premier rang de chaque file, passera son arme devant lui, la saisissant avec la main gauche au-dessus de la grenadière, et la placera, la crosse en arrière et près du pied droit de l'homme qui est à sa gauche, le canon tourné en avant. En même temps, l'homme du second rang passera son arme à celui du premier rang, celui-ci la saisira avec la main droite à cinq centimètres (deux pouces) au-dessus de la grenadière, portera la crosse à quatre-vingt-deux centimètres (deux pieds six pouces), en avant du premier rang, vis-à-vis son épaule droite, inclinant vers soi le bout du fusil, et croisera les baïonnettes des deux armes. L'homme du troisième rang passera son arme à celui du second rang, qui la recevra de la main droite au-dessus de la capucine, la penchera en avant, la placera en dehors, et introduira la baïonnette, en s'aidant de la main gauche, entre et sous les branches des baïonnettes des deux autres armes. Il l'abandonnera alors à l'homme du premier rang, qui la saisira, avec la main droite, au-dessous de la grenadière, la passera en avant du rang en soulevant son arme et le faisceau avec

la main gauche, et placera la crosse entre les pieds de l'homme qui est à sa droite.

304. Les hommes des trois rangs ayant pris la position du soldat sans arme, l'instructeur commandera :

1. *Rompez vos rangs.*

2. MARCHE.

3. *Rompre les faisceaux.*

305. Les trois rangs s'étant reformés en arrière de leurs faisceaux, l'instructeur commandera :

Rompez — LES FAISCEAUX.

306. A ce commandement, l'homme du premier rang de chaque file saisira son arme avec la main gauche, et celle de l'homme du second rang avec la main droite, toutes deux au-dessus de la grenadière ; l'homme du second rang portera le pied droit en avant, le milieu du pied à hauteur du talon droit de l'homme du premier rang, et saisira l'arme du troisième rang avec la main droite au-dessus de la grenadière : au même instant ces deux hommes soulèveront le faisceau pour le rompre ; l'homme du second rang passera l'arme de l'homme du troisième rang à ce dernier ; celui du premier rang en fera

de même à l'égard de l'homme du second rang; et les trois rangs prendront la position du soldat reposé sur l'arme.

OBSERVATIONS.

307. Si les hommes sont sur deux rangs, on formera les faisceaux de la manière suivante :

308. L'homme du premier rang de chaque file paire exécutera ce qui a été indiqué n. 303, pour celui du premier rang d'une file sur trois rangs. L'homme du premier rang de chaque file impaire passera son arme à l'homme qui est à sa gauche, qui la placera comme il a été dit pour l'arme du second rang. L'homme du second rang de la file paire penchera son arme en avant, et introduira la baïonnette entre celles des deux autres armes. L'homme du premier rang la placera comme il a été prescrit pour l'arme du troisième rang d'une file sur trois rangs. Le faisceau formé, l'homme du second rang de la file impaire passera son arme dans la main gauche, le canon en avant, et la placera sur le faisceau, en l'inclinant.

309. Lorsqu'on voudra faire rompre les faisceaux, l'homme du second rang de chaque file impaire retirera son arme du fais-

ceau; celui du premier rang de la file paire saisira la sienne avec la main gauche, et celle de l'homme du premier rang de la file impaire avec la main droite; l'homme du second rang de la file paire saisira son arme de la main droite à la grenadière : ces deux hommes soulèveront le faisceau pour le rompre; l'homme du premier rang de la file impaire reprendra son arme de la main de son voisin de gauche, et les quatre hommes prendront la position du soldat reposé sur l'arme.

TITRE III.

ÉCOLE DE PELOTON.

RÈGLES GÉNÉRALES ET DIVISION DE L'ÉCOLE DE PELOTON.

(Les quatre premiers paragraphes de l'Ecole de peloton n'étant qu'une sorte de sommaire des paragraphes suivants, nous passons au paragraphe 5).

5. De quelque nombre de files que le peloton soit composé, il sera formé sur trois rangs, lorsqu'il devra exécuter la première

et la deuxième leçon, mais si le nombre des files est au-dessous de seize, le peloton sera formé sur deux rangs, quand il devra exécuter les troisième, quatrième, cinquième et même sixième leçons.

6. Dans l'un et l'autre cas, l'instructeur numérotera les files de la droite à la gauche, de manière que chaque homme connaisse son numéro dans son rang.

7. L'instructeur sera le plus clair et le plus concis qu'il lui sera possible dans ses explications ; il fera rectifier les fautes de détail qui concernent les soldats par le chef de peloton, à qui il les indiquera, s'il ne les avait pas remarquées, et ne les rectifiera lui-même que lorsque le chef de peloton n'aura pas bien compris ou qu'il aura mal rempli ses intentions.

8. Le calme et le sang-froid de celui qui commande et de ceux qui exécutent, étant le premier moyen d'ordre dans une troupe, l'instructeur s'attachera à y habituer celle qu'il exerce, et en donnera lui-même l'exemple.

PREMIÈRE LEÇON.

ARTICLE PREMIER.

Ouvrir les rangs.

9. Le peloton étant reposé sur les armes et aligné, ainsi que les serre-files, lorsque l'instructeur voudra faire ouvrir les rangs, il fera placer les deux serre-files les plus près de de la gauche, à la gauche du premier et du troisième rang, ce qui étant exécuté, il commandera :

1. *Garde à vous.*
2. *Peloton.*
3. *Portez* — VOS ARMES.
4. *En arrière, ouvrez vos rangs.*

10. Au quatrième commandement, le chef de peloton, le sous-officier de remplacement et les deux serre-files, placés à la gauche du premier et du troisième rang, se porteront légèrement en arrière pour aller tracer l'alignement où devront se placer les deux derniers rangs.

11. Le chef de peloton et le serre-file, placé à la gauche du premier rang, se por-

teront sur la ligne des serre-files, et s'aligneront sur eux.

12. Le sous-officier de remplacement et le serre-file, placé à la gauche du troisième rang, se porteront à quatre pas en arrière du rang des serre-files, et jugeront cette distance à l'œil sans compter les pas.

13. L'instructeur, se portant en même temps sur le flanc droit, vérifiera successivement la position des uns et des autres, pour s'assurer qu'ils soient placés parallèlement au premier rang ; il la rectifiera promptement, s'il est nécessaire, et commandera ensuite :

5. MARCHE.

14. A ce commandement, le premier rang du peloton ne bougera.

15. Les deux derniers rangs marcheront en arrière, au pas ordinaire, sans compter les pas, et se placeront sur l'alignement déterminé pour chaque rang, en se conformant à ce qui a été prescrit à l'école du soldat, n. 226.

16. Le chef de peloton alignera le second rang, et le sous-officier de remplacement le troisième, sur le serre-file qui ferme la gauche de chacun de ces rangs.

17. Les serre-files marcheront en arrière en même temps que le troisième rang, et se placeront à deux pas de ce rang lorsqu'il aura été aligné.

18. Le chef de peloton et le sous-officier de remplacement ayant aligné leurs rangs respectifs, l'instructeur commandera :

6. FIXE.

19. A ce commandement, le chef de peloton et le serre-file, placés à la gauche du second rang, reprendront leurs places au premier rang.

20. L'instructeur, voyant les rangs alignés, examinera la position et le port d'armes des hommes du premier rang, et chargera le chef de peloton et le sous-officier de remplacement d'examiner de même le second et le troisième rang.

ARTICLE II.

Alignements à rangs ouverts.

21. Les rangs étant ouverts, l'instructeur fera prendre dans les premiers exercices, quelques alignements, homme par homme, pour faire mieux observer les principes.

22. Il fera marcher, à cet effet, les trois hommes de la droite ou de la gauche de cha-

que rang, deux ou trois pas en avant, et, après les avoir alignés, il commandera :

Par file à droite (ou *à gauche*) — ALIGNEMENT.

25. A ce commandement, les soldats de chaque rang se porteront successivement sur l'alignement, chacun d'eux se laissant précéder de deux pas par son voisin du côté de l'alignement.

24. Les alignements successifs ayant habitué les soldats à s'aligner correctement, l'instructeur fera aligner les rangs entiers à la fois, en avant et en arrière, dans les directions parallèles et obliques, en donnant toujours trois hommes pour base d'alignement à chaque rang ; à cet effet, il commandera :

A droite (ou *à gauche*) — ALIGNEMENT,

ou bien :

En arrière à droite, (ou *en arrière à gauche*) — ALIGNEMENT.

25. Dans les alignements obliques à rangs ouverts, les hommes du second et du troisième rang ne chercheront pas à se mettre à leurs chefs de file, puisqu'il ne s'agit dans cette instruction que d'exercer les soldats à

s'aligner correctement dans leurs rangs respectifs, dans toute espèce de directions.

26. Dans ces divers alignements, l'instructeur en surveillera l'exécution au premier rang, le chef de peloton au second rang, et le sous-officier de remplacement au troisième, ils se placeront, à cet effet, du côté de l'alignement.

27. Dans les alignements obliques, les soldats conformeront la ligne de leurs épaules à la nouvelle direction de leurs rangs, et se placeront sur l'alignement comme il a été prescrit à l'école du soldat, n. 226 ou n. 235, selon que la nouvelle direction sera en avant ou en arrière de la position primitive de leurs rangs.

28. Après chaque alignement, l'instructeur, le chef de peloton et le sous-officier de remplacement examineront, en passant devant le rang, la position et le port d'armes, afin d'habituer les soldats à ne pas se négliger sur ces objets.

ARTICLE III.

Maniement des armes.

29 et 30. Les rangs étant ouverts, l'instructeur se placera de manière à voir les

trois rangs, et commandera le maniement des armes.

ARTICLE IV.

Serrer les rangs.

31. Le maniement des armes étant achevé, l'instructeur fera serrer les rangs ; à cet effet, il commandera :

1. *Serrez vos rangs.*

2. MARCHE.

32. Au commandement de *marche*, les deux derniers rangs serreront au pas ordinaire, chaque homme se dirigeant sur son chef de file.

ARTICLE V.

Alignements et maniements des armes à rangs serrés.

33. Les rangs étant serrés, l'instructeur fera prendre des alignements parallèles et obliques, à droite et à gauche, en avant et en arrière, en observant de placer toujours d'avance trois files pour servir de base d'alignement. L'instructeur fera les commandements prescrits ci-dessus, n. 24.

34. Dans les alignements à rangs serrés, le chef de peloton surveillera l'alignement du

premier rang, et le sous-officier de remplacement celui des deux autres ; ils s'habitueront à le juger par la ligne des yeux et des épaules, en jetant un coup d'œil par devant et par derrière le rang.

35. Dès que le chef de peloton verra le plus grand nombre des hommes du premier rang alignés, il commandera : FIXE, et rectifiera ensuite, s'il y a lieu, l'alignement des autres hommes par les moyens prescrits dans l'école du soldat, n. 234. Les deux derniers rangs se conformeront à l'alignement du premier, et le sous-officier de remplacement y veillera.

36. Les rangs étant immobiles, l'instructeur se portera sur le flanc pour vérifier l'alignement des trois rangs ; il observera ensuite si les hommes des deux derniers rangs se sont placés correctement à leurs chefs de file.

37. Dans les alignements obliques, l'instructeur fera observer ce qui a été prescrit ci-dessus, n. 27.

38. Dans tous les alignements, les serre-files se placeront à deux pas en arrière du troisième rang.

39. Les alignements étant terminés, l'ins-

tructeur fera exécuter le maniement des armes.

40. L'instructeur, voulant faire reposer les soldats sans déranger l'alignement, fera d'abord porter l'arme au bras ou reposer sur les armes, et commandera :

En place — REPOS.

41. A ce commandement, les soldats ne seront plus astreints à garder l'immobilité ; mais ils conserveront toujours l'un ou l'autre talon en place.

42. Si, au contraire, l'instructeur veut faire reposer les soldats sans les astreindre à conserver l'alignement, il commandera :

REPOS.

43. A ce commandement, les soldats ne seront plus tenus à garder l'immobilité ni la position.

44. L'instructeur pourra aussi, quand il le jugera convenable, faire former les faisceaux, ce qui s'exécutera par les commandements et les moyens prescrits à l'école du soldat.

DEUXIÈME LEÇON.

44. L'instructeur, voulant passer à la

deuxième leçon, fera rompre les faisceaux s'ils ont été formés, et commandera :

1. *Garde à vous.*

2. *Peloton.*

3. *Portez* — VOS ARMES.

46. L'instructeur fera ensuite exécuter les charges et les feux dans l'ordre suivant.

ARTICLE PREMIER.

Charge en quatre temps.

(Voir l'École du soldat, n. 182.)

ARTICLE II.

Charge à volonté.

47 et 48. La charge à volonté sera commandée et exécutée comme il a été prescrit à l'école du soldat, n. 187.

49. Au premier temps de la charge en quatre temps ou de la charge à volonté, le chef de peloton et le sous-officier de remplacement, feront un demi à droite comme les soldat, et se remettront face en tête, lorsque le soldats qui est à côté d'eux passera l'arme à gauche.

50 et 51. L'instructeur s'attachera avec le plus grand soin à ce que, dans l'exécution

des charges, les soldats se conforment aux principes prescrits, nos 188, 189 et 190 de l'école du soldat.

ARTICLE III.

Feu de peloton.

52. L'instructeur, voulant faire exécuter le feu de peloton, commandera :

1. *Feu de peloton.*
2. *Commencez le feu.*

53. Au premier commandement, le chef de peloton se portera vivement derrière le centre de son peloton, à quatre pas des serre-files; le sous-officier de remplacement reculera sur l'alignement des serre-files, vis-à-vis son créneau. Cette règle est générale dans tous les feux.

54. Au deuxième commandement, le chef de peloton commandera :

1. *Peloton.*
2. ARMES.
3. JOUE.
4. FEU.
5. CHARGEZ.

55. Au commandement de *chargez*, les

soldats retireront leurs armes, les chargeront et les porteront. Le chef de peloton fera aussitôt recommencer le feu par les mêmes commandements, et le feu continuera ainsi jusqu'au roulement.

56. Le chef de peloton fera quelquefois tirer obliquement à droite et à gauche, en observant seulement de prononcer chaque fois l'avertissement de *oblique à droite* ou de *oblique à gauche*, après le commandement des *armes* et avant celui de *joue*, et de faire tirer tantôt à droite et tantôt à gauche sans autre avertissement. Il fera aussi quelquefois le commandement de *redressez vos armes* après celui de *joue*, afin d'habituer les soldats au calme et au sang-froid, et de les rendre attentifs au commandement.

ARTICLE IV.

Feu de deux rangs.

57. L'instructeur, voulant faire exécuter le feu de deux rangs, commandera :

1. *Feu de deux rangs.*
2. *Peloton.*
3. ARMES.
4. *Commencez le feu.*

58. Les troisième et quatrième commandements seront exécutés comme il a été prescrit à l'école du soldat, n. 206 et suivants.

59. Le feu commencera par la file de droite du peloton ; la file suivante ne mettra en joue qu'au moment où celle qui vient de faire feu retirera son arme pour recharger, et ainsi de suite jusqu'à la gauche : mais cette progression n'aura lieu que pour le premier feu seulement, chaque homme devant ensuite charger et tirer sans se régler sur les autres, en se conformant à ce qui a été prescrit à l'école du soldat, nos 210 et 211.

60. L'instructeur fera cesser le feu, soit de peloton, soit de deux rangs, par un roulement : et, à l'instant où le roulement commencera, les soldats cesseront de tirer. S'ils avaient fait feu, ils chargeraient leurs armes et les porteraient. S'ils se trouvaient dans la position d'*apprêtez vos armes*, ils feraient front, remettraient le chien à l'abattu et porteraient les armes. S'ils se trouvaient dans la position de *joue*, ils exécuteraient d'eux-mêmes le mouvement de *redressez vos armes*, feraient front, remettraient le chien à l'abattu et porteraient les armes. Dans le feu de peloton, le premier rang se relèvera pour mettre

le chien à l'abattu ; dans celui de deux rangs, les hommes du second et du troisième rang, après avoir mis le chien à l'abattu, se rendront réciproquement leurs armes, s'ils ne les avaient pas.

61. Le roulement sera toujours suivi d'un coup de baguette ; à ce signal, le chef de peloton et le sous-officier de remplacement reprendront vivement leur place de bataille, et rectifieront, s'il y a lieu, l'alignement des rangs.

(Suivent les paragraphes 62, 63 et 64 ne contenant que des observations inutiles.)

ARTICLE V.

Feux par le troisième rang.

65. L'instructeur fera exécuter les feux par le troisième rang ; à cet effet, il commandera :

1. *Face par le troisième rang.*
2. *Peloton.*
3. *Demi-tour* — A DROITE.

66. Au premier commandement, le chef de peloton, sortant de son créneau, se placera face à la file de droite de son peloton, le sous-officier de remplacement et les serre-files traverseront légèrement par le créneau du chef

de peloton, et se placeront face en arrière, le sous-officier de remplacement à un pas derrière le chef de peloton, les serre-files à deux pas du premier rang, vis-à-vis leurs places de bataille, en passant par derrière le sous-officier de remplacement.

67. Au troisième commandement, qui sera fait de manière que le peloton se trouve face en arrière au moment où le dernier serre-file aura traversé le créneau, le peloton fera demi-tour à droite, le chef de peloton se portera dans son créneau au troisième rang devenu premier, et le sous-officier de remplacement se placera derrière le chef de peloton, au premier rang devenu troisième.

68. Le peloton faisant ainsi face par le troisième rang, l'instructeur fera exécuter le feu de peloton direct et oblique, et le feu de deux rangs, par les commandements prescrits dans l'article précédent : le chef de peloton, le sous-officier de remplacement et les soldats se conformeront de même à ce qui est expliqué.

69. Dans le feu de peloton, le troisième rang, devenu premier, mettra le genou en terre. Le feu de deux rangs commencera par la gauche du peloton, devenue droite.

70. Pour remettre le peloton face par le premier rang, l'instructeur commandera :

1. *Face par le premier rang.*
2. *Peloton.*
3. *Demi-tour* — A DROITE.

71. Au premier commandement, le chef de peloton, le sous-officier de remplacement et les serre-files se conformeront à ce qui est prescrit nos 66 et 67.

72. Au troisième commandement, le peloton ayant fait demi-tour à droite, le chef de peloton et le sous-officier de remplacement reprendront leurs places de bataille.

(Suivent les paragraphes de 73 à 79 inclusivement qui ne sont qu'un corollaire des précédents.)

TROISIÈME LEÇON.

ARTICLE PREMIER.

Marche en bataille en avant.

80. Le peloton étant en bataille et correctement aligné, lorsque l'instructeur voudra l'exercer à la marche en bataille, il s'assurera que le chef de peloton et le sous-officier de remplacement aient leurs épaules parfaite-

ment dans la direction de leurs rangs respectifs, et qu'ils soient correctement placés l'un derrière l'autre ; il se portera ensuite à vingt-cinq ou trente pas en avant d'eux, fera face en arrière, et se placera exactement sur leur prolongement.

81. L'instructeur, étant aligné sur la file de direction, commandera :

1. *Peloton en avant.*

82. A ce commandement, un des sous-officiers de serre-file, désigné d'avance, se portera à six pas en avant du chef de peloton : l'instructeur, placé comme il vient d'être prescrit, alignera correctement ce sous-officier sur le prolongement de la file de direction.

83. Le serre-file placé à six pas devant le chef de peloton devant être chargé de la direction, prendra, dès que sa position sera assurée, deux points à terre dans la ligne droite qui, partant de lui, irait passer entre les talons de l'instructeur.

84. Ces dispositions étant faites, l'instructeur se retirera et commandera :

2. MARCHE.

85. A ce commandement, le peloton partira vivement. Le sous-officier chargé de la

direction observera avec la plus grande précision la longueur et la cadence du pas, marchera dans la direction des deux points qu'il aura choisis entre lui et l'instructeur, prendra, à mesure qu'il avancera, et toujours un peu avant d'arriver au point le plus près de lui, de nouveaux points en avant qui soient exactement dans le prolongement des deux premiers, et à quinze ou vingt pas l'un de l'autre. Le chef de peloton marchera constamment dans les traces du sous-officier chargé de la direction, et se maintiendra toujours à six pas de lui ; les soldats auront la tête directe, sentiront légèrement le coude de leurs voisins du côté de la file de direction, et se conformeront aux principes prescrits à l'école du soldat pour la marche de front.

86. L'homme, placé à côté du chef de peloton, aura une attention particulière à ne jamais le dépasser ; à cet effet, il tiendra toujours la ligne de ses épaules un peu en arrière, mais dans la même direction que celle du chef de peloton.

87. Les serre-files marcheront à deux pas en arrière du troisième rang.

88. Si les soldats perdaient le pas, l'instructeur commanderait :

Au pas.

89. A ce commandement, les soldats jetteraient un coup d'œil sur le sous-officier chargé de la direction, reprendraient le pas de ce sous-officier, et replaceraient la tête directe.

Observation relative à la marche en bataille.

90. L'instructeur fera placer le chef de peloton et le sous-officier de remplacement tantôt à la droite et tantôt à la gauche du peloton.

(Suivent, du paragraphe 91 au paragraphe 94 inclusivement, des observations sans suite.)

ARTICLE II.

Arrêter le peloton marchant en bataille, et l'aligner.

95. L'instructeur, voulant arrêter le peloton, commandera :

1. *Peloton.*
2. HALTE.

96. Au commandement de *halte*, le peloton s'arrêtera ; le sous-officier chargé de la direction restera devant le peloton, à moins que l'instructeur, ne voulant plus faire marcher en avant, ne lui commande de reprendre sa place de bataille.

97. Le peloton étant arrêté, l'instructeur

pourra faire avancer les trois premières files du côté de la direction, et aligner le peloton sur cette base, ou bien il pourra se borner à faire rectifier l'alignement; dans ce dernier cas, il commandera : *Chef de peloton, rectifiez l'alignement.* Le chef de peloton portera aussitôt les yeux sur le rang, et rectifiera l'alignement, en se conformant à ce qui a été prescrit à l'école du soldat, n. 234.

ARTICLE III.

Marche oblique en bataille.

98. Le peloton étant en marche directe, lorsque l'instructeur voudra le faire marcher obliquement, il commandera :

1. *Oblique à droite* (ou *à gauche*).
2. MARCHE.

99. Au commandement de *marche* qui sera prononcé conformément au principe prescrit à l'école du soldat, n. 49, le peloton prendra le pas oblique.

100. Lorsque l'instructeur voudra faire reprendre la marche directe, il commandera :

1. *En avant.*
2. MARCHE.

101. Au commandement de *marche*, qui sera prononcé à l'instant où le pied va poser

à terre, le peloton reprendra la marche directe. L'instructeur se portera à vingt pas en avant du chef de peloton, fera face en arrière, se placera correctement sur le prolongement du chef de peloton et du sous-officier de remplacement, et y placera, par un signe, le sous-officier chargé de la direction, s'il n'était pas sur cette ligne : ce sous-officier prendra aussitôt deux points à terre entre lui et l'instructeur, et en prendra ensuite de nouveaux à mesure qu'il avancera, comme il a été expliqué n. 85.

(Suivent 4 paragraphes, de 162 à 105 inclusivement, ne contenant que des recommandations à l'instructeur.)

ARTICLE IV.

Marquer le pas, marcher le pas accéléré et le pas en arrière

106. Le peloton étant en marche directe au pas ordinaire, l'instructeur fera marquer le pas; à cet effet, il commandera :

1. *Marquez le pas.*
2. MARCHE.

107. Pour remettre le peloton en marche, il commandera :

1. *En avant.*
2. MARCHE.

108. Pour faire marcher au pas accéléré, l'instructeur commandera :

1. *Pas accéléré.*

2. MARCHE.

109. Le commandement de *marche* sera prononcé à l'instant où le pied va poser à terre, et sur le pied droit ou le pied gauche indistinctement.

110. Pour faire reprendre le pas ordinairre, l'instructeur commandera :

1. *Pas ordinaire.*

2. MARCHE.

111. Le commandement de *marche* sera prononcé à l'instant où le pied va poser à terre, et sur l'un ou l'autre pied indifférem-ment.

112. Le peloton étant arrêté, l'instructeur pourra faire marcher le pas en arrière ; à cet effet, il commandera :

1. *Peloton en arrière.*

2. MARCHE.

113. Le pas en arrière s'exécutera d'après les principes prescrits à l'école du soldat, n. 256 et 257 ; mais l'usage en étant peu fréquent, l'instructeur ne le fera mar-

cher que quinze ou vingt pas de suite, et seulement de temps à autre.

114, 115, 116. Lorsqu'une subdivision, marchant au pas accéléré, devra tourner ou se former en ligne, les soldats accéléreront le pas jusqu'à cent trente par minute; on fera le pas de la même vitesse dans la charge, et, en général, dans toutes les circonstances qui exigent une grande célérité; mais comme une troupe ne saurait marcher longtemps à une allure aussi accélérée sans se désunir, le pas n'a pas dû être fixé à cette vitesse dans les principes de la marche; en conséquence, les troupes ne seront exercées habituellement qu'au pas accéléré de cent par minute.

ARTICLE V.

Marcher en bataille en retraite.

117. Le peloton étant arrêté et correctement aligné, lorsque l'instructeur voudra le faire marcher en bataille en retraite, il commandera :

1. *Peloton.*
2. *Demi-tour* — A DROITE.

118. Le peloton ayant fait demi-tour à droite, l'instructeur se portera vivement en

avant de la file de direction, en se conformant à ce qui a été prescrit ci-dessus, n. 80.

119. L'instructeur s'étant établi correctement sur le prolongement de la file de direction, commandera :

3. *Peloton en avant.*

120. A ce commandement, le sous-officier désigné pour être chargé de la direction se conformera à ce qui a été prescrit ci-dessus, n. 82 et 83, avec cette différence qu'il se placera à six pas en avant des serre-files.

121. Le sous-officier de remplacement se portera sur l'alignement des serre-files, en avant de son créneau, et le chef de peloton le remplacera au troisième rang, devenu premier.

122. Cette disposition étant faite, l'instructeur commandera :

4. MARCHE.

123. A ce commandement, le sous-officier chargé de la direction, le chef de peloton et les soldats se conformeront à ce qui a été prescrit ci-dessus, n. 85 et suivants.

124. L'instructeur fera exécuter, en marchant en bataille en retraite, tout ce qui a été prescrit ci-dessus pour la marche en bataille

en avant; les commandements et les moyens d'exécution seront les mêmes.

125. L'instructeur ayant arrêté le peloton, lorsqu'il voudra le remettre face en tête, il fera les commandements prescrits ci-dessus, n. 117. Le chef de peloton, le sous-officier de remplacement et le sous-officier chargé de la direction reprendront leurs places de bataille, dès qu'ils auront fait demi-tour à droite.

QUATRIÈME LEÇON.

ARTICLE PREMIER.

Marcher par le flanc.

126. Le peloton étant en bataille de pied ferme, lorsque l'instructeur voudra le faire marcher par le flanc droit, il commandera :

1. *Peloton par le flanc droit.*
2. A DROITE.
3. *Peloton en avant.*
4. MARCHE.

127. Au deuxième commandement, le peloton fera à droite ; le sous-officier de rem-

placement se portera devant l'homme de droite du premier rang : le chef de peloton se placera à un pas en dehors du premier rang de manière à se trouver à côté et à la gauche du sous-officier de remplacement.

128. Au commandement de *marche*, le peloton partira vivement au pas ordinaire ; le sous-officier de remplacement, placé devant l'homme de droite du premier rang, et le chef de peloton, placé à côté de ce sous-officier, se dirigeront droit en avant. Les hommes du second et du troisième rang marcheront à hauteur de leurs chefs de file, en conservant la tête directe, les serre-files marcheront à hauteur de leurs places de bataille.

129. L'instructeur veillera à l'exécution des principes de la marche de flanc, en se plaçant pendant la marche comme il a été prescrit à l'école du soldat, n° 264.

130. L'instructeur fera marcher par le flanc gauche par les commandements prescrits pour faire marcher par le flanc droit en substituant l'indication de *gauche* à celle de *droite*.

131. A l'instant où le peloton fera à gauche, le serre-file le plus près de la gauche se portera devant l'homme de gauche du pre-

mier rang; le chef de peloton, se portant vivement à la gauche, se placera à côté de ce serre-file et à sa droite; le sous-officier de remplacement se placera au premier rang à l'instant où le chef de peloton se portera à la gauche.

ARTICLE II.

Changer de direction par file.

132. Le peloton étant par le flanc et de pied ferme ou en marche, lorsque l'instructeur voudra faire converser par file, il commandera :

1. *Par file à gauche* (ou *à droite.*)
2. MARCHE.

133. Au commandement de *marche*, la première file conversera : si c'est du côté du premier rang, l'homme de cette file qui est au premier rang aura soin de ne pas tourner tout à coup, mais de décrire un petit arc de cercle, en raccourcissant un peu les trois ou quatre premiers pas pour donner à l'homme du troisième rang le temps de se conformer à son mouvement; si c'est du côté du troisième rang, l'homme du premier rang conversera en marchant le pas de deux pieds, et celui du troisième rang se conformera à son mou-

vement, en décrivant un petit arc de cercle comme il vient d'être expliqué. Chaque file viendra converser à la même place que celle qui la précède.

134. L'instructeur veillera à ce que la conversion s'exécute d'après ces principes, afin que la distance entre les files soit toujours conservée, et qu'il n'y ait ni temps d'arrêt ni à-coup dans la manche.

ARTICLE III.

Arrêter le peloton marchant par le flanc et le remettre face en tête.

135. Lorsque l'instructeur voudra arrêter le peloton marchant par le flanc, et le remettre face en tête, il commandera :

1. *Peloton*.
2. HALTE.
3. FRONT.

136. Les deuxième et troisième commandements, s'exécuteront comme il a été prescrit à l'école du soldat, nos 266 et 267. Le chef de peloton et le sous-officier de remplacement, ainsi que le guide de gauche si le peloton est par le flanc gauche, reprendront

leurs places de bataille à l'instant où le peloton fera front.

137. L'instructeur pourra alors faire aligner le peloton par l'un des moyens indiqués n. 97.

ARTICLE IV.

Le peloton étant en marche par le flanc, le former sur la droite (ou *sur la gauche*) *par file en bataille.*

138. Le peloton étant en marche par le flanc droit, lorsque l'instructeur voudra le former sur la droite par file en bataille, il commandera :

1. *Sur la droite par file en bataille.*

2. MARCHE.

139. Au commandement de *marche*, le second et le troisième rang marqueront le pas; le chef de peloton et le sous-officier de remplacement tourneront à droite, marcheront ensuite droit devant eux, et seront arrêtés par l'instructeur lorsqu'ils auront dépassé de six pas au moins le troisième rang du peloton en marche ; le chef de peloton se placera correctement sur la ligne de bataille, et dirigera l'alignement à mesure que les hommes du premier rang arriveront sur cette ligne;

le sous-officier de remplacement se placera derrière le chef de peloton à sa place de bataille, le soldat de droite du premier rang continuera à marcher, passera derrière le sous-officier de remplacement, tournera à droite dès qu'il l'aura dépassé, et viendra se placer à la gauche du chef de peloton et à côté de lui; le deuxième homme passera de même derrière le premier, tournera ensuite à droite, et viendra se placer à sa gauche, et à côté de lui, et ainsi de suite jusqu'au dernier homme de ce rang; le second et le troisième rang exécuteront le mouvement de la même manière que le premier, mais chaque rang ne le commencera que lorsqu'il y aura deux hommes du rang qui le précède déjà formés sur la ligne de bataille; les hommes du second et du troisième rang se placeront correctement derrière leurs chefs de file, à mesure qu'ils se formeront sur cette ligne.

140. Si le peloton marche par le flanc gauche, l'instructeur le fera former sur la gauche par file en bataille d'après les mêmes principes et par les commandements prescrits ci-dessus, n. 138, en substituant l'indication de *gauche* à celle de *droite*. Le chef de peloton, placé à la gauche du premier rang, et le guide de gauche, se reporteront à leurs

places de bataille, dès que l'instructeur, voyant le peloton formé et aligné, leur en donnera l'ordre.

141. Pour mieux faire sentir aux soldats le mécanisme de ce mouvement, l'instructeur le fera d'abord exécuter séparément par chaque rang, et ensuite par les trois rangs ensemble.

142. L'instructeur suivra le mouvement pour s'assurer que chaque file se conforme à ce qui est prescrit ci-dessus, n. 139.

ARTICLE V.

Le peloton étant en marche par le flanc, le former par peloton ou par section en ligne et lui faire exécuter les à droite et les à gauche en marchant.

143. Le peloton étant en marche par le flanc droit, l'instructeur ordonnera au chef de peloton de le faire former en ligne ; le chef de peloton commandera aussitôt :

1. *Par peloton en ligne.*
2. MARCHE.

144. (Pl. XI, *fig.* 5.) Au commandement de *marche*, le sous-officier de remplacement

continuera à marcher droit devant lui; les soldats avanceront l'épaule droite, prendront le pas accéléré, et se porteront en ligne par le chemin le plus court, en observant de n'y entrer que l'un après l'autre, et sans courir.

145. A mesure que les soldats arriveront en ligne, ils prendront le pas du sous-officier de remplacement.

146. Les hommes du second et du troisième rang se conformeront au mouvement de leurs chefs de file; mais sans chercher à arriver en ligne en même temps qu'eux.

147. A l'instant où le mouvement commencera, le chef de peloton fera face à son peloton, pour en surveiller l'exécution; dès que le peloton sera formé, il commandera *guide à gauche*, se portera à deux pas devant le centre de son peloton, fera face en tête, et prendra le pas du peloton.

148. Au commandement de *guide à gauche* du chef de peloton, le serre-file le plus près de la gauche se portera sur le flanc gauche au premier rang, pour servir de guide; le sous-officier de remplacement qui est à l'aile opposée, y restera.

149. Lorsque le peloton marchera par le flanc gauche, ce mouvement s'exécutera par

les mêmes commandements et d'après les mêmes principes; le peloton étant formé, le chef de peloton commandera *guide à droite*, et se portera devant le centre du peloton; le sous-officier de remplacement, qui est à la droite du premier rang, servira de guide, et le serre-filé placé au flanc gauche y restera.

150. Ainsi, dans une colonne par peloton, la droite ou la gauche en tête, le sous-officier de remplacement et le serre-file le plus près de la gauche de chaque peloton, seront toujours placés, le premier à la droite, et le second à la gauche du premier rang; ils seront dénommés *guide de droite* et *guide de gauche* du peloton, et l'un d'eux sera chargé de la direction.

151. Le peloton étant en marche par le flanc, si l'instructeur veut faire former les sections en ligne, il en donnera l'ordre au chef de peloton, qui commandera :

1. *Par section en ligne.*

2. MARCHE.

152. Le mouvement s'exécutera dans chaque section d'après les mêmes principes. Le chef de peloton se portera devant le centre de la première section; le chef de la seconde

section se portera devant le centre de cette section, en passant par l'ouverture qui se fait au centre du peloton, si l'on marche par le flanc droit, et par la gauche de la section, si l'on marche par le flanc gauche ; dans ce dernier cas, le chef de peloton laissera filer la deuxième section, pour se placer ensuite devant le centre de la première. Les chefs de peloton ou de section, commanderont *guide à gauche* ou *guide à droite,* à l'instant où leurs subdivisions seront formées.

153. Au commandement de *guide à gauche* ou *guide à droite* fait par le chef de chaque section, le guide de chacune d'elles se portera au flanc gauche ou au flanc droit, s'il n'y est déjà.

154. Le guide de droite du peloton servira toujours de guide de droite et de guide de gauche à la première section, et le guide de gauche du peloton, servira également de guide de droite et de guide de gauche à la seconde section.

155. D'après ce principe, il n'y aura jamais dans une colonne par section, qu'un seul guide sur le flanc de chaque section ; il sera toujours placé sur le flanc gauche si la droite est en tête, et sur le flanc droit si la gauche est en tête.

156. Dans ces divers mouvements, les serre-files suivront la section à laquelle ils sont attachés.

157. L'instructeur pourra faire former le peloton ou les sections en ligne à son commandement; dans ce cas il fera les commandements pour le chef de peloton, n. 143 ou n. 151.

158. L'instructeur exercera le peloton à passer, sans s'arrêter, de la marche de front à la marche de flanc et réciproquement. Dans l'un et l'autre cas, il emploiera les commandements prescrits, n. 270 de l'école du soldat. Le peloton fera à droite ou à gauche en marchant, et le chef du peloton, les guides et les serre-files se conformeront à ce qui leur est prescrit pour la marche de flanc ou pour la marche de front d'un peloton supposé faire partie d'une colonne.

159. Si, après avoir fait à droite ou à gauche en marchant, le peloton se trouve par le troisième rang, le chef de peloton se placera à deux pas derrière le centre du premier rang, les guides passeront au troisième rang, et les serre-files marcheront devant ce rang.

CINQUIEME LEÇON.

ARTICLE PREMIER.

Rompre en colonne par section.

160. L'instructeur, voulant faire rompre par section à droite, commandera :

1. *Par section à droite.*

2. MARCHE.

161. (Pl. IX, *fig.* 1.) Au premier commandement, les chefs de section se porteront à deux pas devant le centre de leurs sections, celui de la seconde section passant à cet effet par le flanc gauche du peloton. Ils ne s'occuperont pas de s'aligner l'un sur l'autre ; il leur suffira de se placer à deux pas devant le premier rang. Le sous-officier de remplacement prendra la place du chef de peloton au premier rang.

162. Au commandement de *marche*, l'homme de droite du premier rang de chaque section fera à droite, le sous-officier de remplacement ne bougera pas ; le chef de chaque section se portera vivement, par la ligne la plus courte, en dehors du point où devra appuyer l'aile marchante, fera face en

arrière, et se placera de manière que la ligne qu'il forme avec l'homme de droite du premier rang, soit perpendiculaire à celle qu'occupait le peloton en bataille ; les sections converseront par le principe des conversions de pied ferme ; et lorsque l'homme qui conduit l'aile marchante sera près d'arriver sur la perpendiculaire, le chef de chaque section commandera :

1. *Section.*

2. HALTE.

163. Au commandement de *halte*, qui se fait à l'instant où l'homme qui conduit l'aile marchante sera arrivé à trois pas de la perpendiculaire, la section s'arrêtera ; le sous-officier de remplacement se portera au point où devra appuyer la gauche de la première section, passant à cet effet par devant le premier rang ; le serre-file le plus près de la gauche du peloton, se portera au point où devra appuyer la gauche de la deuxième section. Ils observeront, l'un et l'autre, de laisser entre eux et l'homme de droite de leur section l'espace nécessaire pour contenir le front de la section ; le chef de peloton et le chef de la section y veilleront, et auront soin de les aligner

gner entre eux et l'homme de leur section qui aura fait à droite.

164. Le guide de chaque section étant ainsi établi sur la perpendiculaire, les chefs de section se placeront à deux pas en dehors de leur guide, et commanderont :

3. *A gauche.* — ALIGNEMENT.

165. L'alignement étant achevé, chaque chef de section commandera FIXE, et se portera à deux pas devant le centre de la section.

166. Les serre-files se conformeront au mouvement de leurs sections respectives, et se placeront à deux pas derrière le troisième rang.

167. On rompra par section à gauche d'après les principes. L'instructeur commandera :

1. *Par section à gauche.*

2. MARCHE.

168. Le premier commandement s'exécutera de la même manière que pour rompre par section à droite.

169. Au commandement de *marche*, l'homme de gauche du premier rang de chaque section fera à gauche, et les sections converseront à gauche d'après les principes des

conversions de pied ferme, qui ont été prescrit ci-dessus, nos 162 et 163.

170. Au commandement de *halte* du chef de chaque section, le sous-officier de remplacement placé à la droite du premier rang de la première section, et le serre-file le plus près de la gauche de la seconde section, se porteront au point où doit appuyer la droite de chacune de ces sections. Les chefs des sections les aligneront entre eux et l'homme de gauche du premier rang de leurs sections respectives, et commanderont :

A droite. — ALIGNEMENT.

171. Les sections étant alignées, chaque chef de section commandera FIXE, et se portera devant le centre de sa section.

(Suivent, du paragraphe 172 au paragraphe 174 inclusivement, des observations inutiles ici.)

ARTICLE II.

Marcher en colonne.

175. Le peloton étant rompu par section, la droite en tête, lorsque l'instructeur voudra faire marcher la colonne, il se portera à vingt-cinq ou trente pas en avant de la tête, fera face aux guides, se placera correctement sur

leur direction, et avertira celui de la tête de prendre des points à terre.

176. L'instructeur étant ainsi placé, le guide de la première section prendra deux points à terre sur la ligne droite qui, partant de lui, irait passer entre les talons de l'instructeur.

177. Ces dispositions étant faites, l'instructeur se retirera et commandera :

1. *Colonne en avant.*

2. *Guide à gauche.*

3. MARCHE.

178. Au commandement de *marche*, qui sera vivement répété par les chefs de sections, les chefs de sections et les guides enlèveront, par un pas décidé, la marche de leurs sections, afin qu'elles partent vivement et au même instant.

179. Les soldats sentiront légèrement le coude de leurs voisins du côté du guide, et se conformeront en marchant aux principes prescrits à l'école du soldat, n. 240. L'homme de chaque section, placé à côté du guide, observera de ne jamais le déborder, et se tiendra toujours à environ seize centimètres (six pouces) de lui, pour éviter de le pousser hors de la direction.

180. Le guide de la tête observera, avec la plus grande précision, la longueur et la cadence du pas, et assurera la direction de sa marche par les moyens prescrits ci-dessus n° 85.

181. Le guide suivant marchera exactement dans la trace du guide de la tête, en conservant entre ce guide et lui une distance exactement égale à l'étendue du front de sa section, et en marchant le même pas que ce guide.

182. Si le guide de la seconde section perd sa distance (ce qui ne pourra arriver que par sa faute), il ne doit la reprendre que peu à peu, soit en allongeant, soit en raccourcissant insensiblement le pas, afin qu'il n'y ait jamais ni temps d'arrêt, ni à-coup dans la marche.

183. Si le guide de la seconde section, ayant négligé de marcher exactement dans la trace du guide qui le précède, s'est jeté sensiblement en dehors de la direction, il remédiera à cette faute en avançant plus ou moins l'épaule gauche, de manière à regagner peu à peu la direction, afin d'éviter l'inconvénient du pas oblique, qui ferait perdre la distance. Si, au contraire, le guide s'est jeté sensiblement en dedans de la direction,

il y remédiera par les moyens inverses. Dans l'une et l'autre suppositions, le chef de section veillera à ce que les soldats se conforment au mouvement du guide.

184. Si le peloton avait rompu par section à gauche, l'instructeur, pour mettre la colonne en marche, commanderait :

1. *Colonne en avant.*
2. *Guide à droite.*
3. MARCHE.

Observations relatives à la marche en colonne.

185 à 191. Toutes les fois qu'on sera rompu en colonne, les chefs des subdivisions répèteront les commandements de *marche* et de *halte* de l'instructeur, à l'instant même où ils leur parviendront, et sans se régler l'un sur l'autre ; ils ne répéteront aucun autre commandement, et avertiront seulement leurs subdivisions du mouvement qu'elles devront exécuter.

ARTICLE III.

Changer de direction.

192. La colonne étant en marche, la droite en tête, si l'instructeur veut lui faire chan-

ger de direction à gauche, il en donnera l'ordre au chef de la première section, et se portera aussitôt de sa personne ou enverra un jalonneur au point où le mouvement devra commencer; l'instructeur ou le jalonneur s'y placera sur la direction des guides, de manière à présenter la poitrine au flanc de la colonne.

193. Le guide de la tête se dirigera sur l'instructeur ou sur le jalonneur placé au point où l'on doit changer de direction, de manière que son bras gauche rase la surface de la poitrine de ce jalonneur; et, lorsqu'il sera près d'arriver à sa hauteur, le chef de section commandera :

1. *Tournez à gauche.*

2. MARCHE.

194. Le premier commandement sera fait lorsque la section sera à quatre pas du jalonneur.

196. Au commandement de *marche*, qui sera prononcé à l'instant où le guide arrivera à hauteur du jalonneur, le guide et la section tourneront à gauche, en se conformant à ce qui est prescrit à l'école du soldat, n. 300.

196. Le guide de la première section, ayant tourné, prendra des points à terre,

dans la nouvelle direction, afin de mieux assurer sa marche.

197. La seconde section continuera à marcher droit devant elle, son guide se dirigeant de manière à raser la surface de la poitrine de l'instructeur ou du jalonneur placé au point où l'on doit changer de direction; arrivé à hauteur de ce dernier, la seconde section tournera à gauche par les mêmes commandements et d'après les mêmes principes que la première.

198. Lorsque l'instructeur voudra faire changer de direction du côté opposé au guide, il en donnera l'ordre au chef de la première section, et ira aussitôt de sa personne ou enverra un jalonneur au point où le changement de direction devra s'exécuter; ce jalonneur s'y placera comme il a été expliqué pour changer de direction du côté du guide.

199. Le guide de la première section se dirigera comme il a été prescrit ci-dessus, n. 193; et lorsqu'il sera arrivé à quatre pas du point où l'on doit converser, le chef de section commandera :

1. *A droite conversion.*

2. MARCHE.

200. Au commandement de *marche*, qui

sera prononcé à l'instant où le guide arrivera au point de conversion, la section conversera à droite, en se conformant à ce qui a été prescrit à l'école du soldat, nº 294.

201. La conversion étant achevée, le chef de section commandera :

3. *En avant.*

4. MARCHE.

202. Ces commandements seront prononcés et exécutés comme il a été prescrit à l'école du soldat, nºs 296 et 297.

203. La seconde section continuera à marcher droit devant elle, le guide de cette section ayant attention de se diriger sur l'instructeur ou le jalonneur; cette section conversera à droite à la même place, et par les mêmes commandements et les mêmes moyens que la première section; elle reprendra de même la marche directe.

204. Les changements de direction, dans une colonne la gauche en tête, s'exécuteront d'après les mêmes principes et par les moyens inverses.

(Suivent, de 205 à 209 inclusivement, des observations qui sont ici sans utilité.)

ARTICLE IV.

Arrêter la colonne.

210. La colonne étant en marche, lorsque l'instructeur voudra l'arrêter, commandera :

1. *Colonne.*
2. HALTE.

211, 212 et 213. Au commandement de *halte*, vivement répété par les chefs de sections, la colonne s'arrêtera ; les guides ne bougeront plus, quand même ils n'auraient pas leurs distances et ne se trouveraient pas sur la direction.

ARTICLE V.

Etant en colonne par section, se former à gauche ou à droite en bataille.

214. L'instructeur, ayant arrêté la colonne supposée avoir la droite en tête, et voulant la former en bataille, se portera aussitôt à distance de section en avant du guide de la tête, lui fera face, et rectifiera, s'il y a lieu, la position du guide suivant ; ce qui étant exécuté, il commandera :

A gauche — ALIGNEMENT.

215. A ce commandement, qui ne sera

point répété par les chefs de sections, chacun d'eux se portera vivement à environ deux pas en dehors de son guide, et dirigera l'alignement de sa section, perpendiculairement à la direction de la colonne.

216. Les chefs de sections, ayant aligné leurs sections respectives, commanderont FIXE, et se porteront légèrement devant le centre de leurs sections.

217. Cette disposition étant faite, l'instructeur commandera :

1. *A gauche en bataille.*
2. MARCHE.

218. Au commandement de *marche*, vivement répété par les chefs de sections, l'homme de gauche du premier rang de chaque section fera à gauche, appuiera légèrement sa poitrine contre le bras droit du guide placé à côté de lui, lequel ne bougera pas; les sections converseront à gauche par le principe des conversions de pied ferme, et en se conformant à ce qui a été prescrit 174. Chaque chef de section se tournera face à sa section pour y veiller; et lorsque la droite de la section sera près d'arriver sur la ligne de bataille, il commandera :

1. *Section.*

2. HALTE.

219. Le commandement de *halte* sera fait de manière à arrêter la section lorsque son guide arrivera à trois pas de la ligne de bataille.

220. Le chef de la seconde section, ayant arrêté sa section, se portera en serre-file.

221. Le chef de peloton, ayant arrêté la première section, se portera légèrement sur la ligne de bataille, au point où devra appuyer la droite du peloton, et commandera :

A droite — ALIGNEMENT.

222. A ce commandement, les deux sections se placeront sur l'alignement ; l'homme de droite de la première, qui correspond à l'instructeur établi sur la direction des guides, appuiera légèrement sa poitrine contre le bras gauche de ce dernier ; le chef de peloton dirigera l'alignement sur l'homme de gauche du peloton.

223. Le peloton étant aligné, le chef de peloton commandera :

FIXE.

224. L'instructeur, voyant le peloton en bataille, commandera :

Guides — A VOS PLACES.

225. A ce commandement, le sous-officier de remplacement se portera derrière le chef de peloton, et le guide de la seconde section se portera en serre-file.

226. La colonne ayant la gauche en tête, lorsque l'instructeur voudra la former à droite en bataille, il se placera à distance de section en avant et face au guide de la tête, et rectifiera. s'il le juge nécessaire, la position du guide suivant, ce qui étant exécuté, il commandera :

1. *A droite en bataille.*

2. MARCHE.

227. Au commandement de *marche*, l'homme de droite du premier rang de chaque section fera à droite, et appuiera légèrement sa poitrine contre le bras gauche du guide placé à côté de lui, lequel ne bougera pas ; chaque section conversera à droite, et sera arrêtée par son chef, lorsque l'aile marchante sera près d'arriver sur la ligne de bataille ; à cet effet, les chefs de section commanderont :

1. *Section.*
2. HALTE.

228. Le commandement de *halte* sera fait de manière à arrêter la section lorsque son

guide arrivera à trois pas de la ligne de bataille.

229. Le chef de la seconde section, ayant arrêté sa section, se portera en serre-file.

230. Le chef de peloton, ayant arrêté la première section, se portera légèrement à la gauche du peloton, observant de s'y placer sur la ligne de bataille au point où devra appuyer l'homme de gauche, et commandera :

A gauche — ALIGNEMENT.

231. A ce commandement, les deux sections se placeront sur l'alignement : l'homme de gauche de la seconde section, qui correspond à l'instructeur, appuiera légèrement sa poitrine contre son bras droit, et le chef de peloton dirigera l'alignement sur l'homme de droite du peloton.

232. Le peloton étant aligné, le chef de peloton commandera :

FIXE.

233. L'instructeur commandera ensuite :

Guides — A VOS PLACES.

234 à 236. A ce commandement, le chef de peloton se portera à la droite de son peloton, le sous-officier de remplacement derrière le

chef de peloton au troisième rang, et le guide de la seconde section en serre-file.

SIXIEME LEÇON.

ARTICLE PREMIER.

ROMPRE ET FORMER LE PELOTON.

Rompre le peloton.

237. Le peloton étant en marche au pas cadencé, et supposé faire partie d'une colonne la droite en tête, lorsque l'instructeur voudra le faire rompre par section, il en donnera l'ordre au chef de peloton, qui commandera : 1. *Rompez le peloton* ; et se portera aussitôt devant le centre de la première section.

238. (Pl. IX, *fig.* 2.) Au commandement de *rompez le peloton*, le chef de la seconde section se portera devant le centre de sa section, et commandera :

Marquez le pas.

237. Le chef de peloton commandera ensuite :

2 MARCHE.

240. La première section continuera à

marcher droit devant elle; le sous-officier de remplacement se portera au flanc gauche de cette section, en passant par devant le premier rang.

241. Au commandement de *marche* du chef de peloton, la seconde section marquera le pas; le chef de cette section commandera aussitôt :

1 *Oblique à droite.*

2. MARCHE.

Le dernier commandement sera fait de manière que la seconde section commence à obliquer dès qu'elle aura été dépassée par le troisième rang de la première.

242. Le guide de la deuxième section étant près d'arriver dans la direction de celui de la première, le chef de la seconde section fera le commandement de *en avant*, et celui de MARCHE à l'instant où le guide de la section ouvrira celui de la première.

243. Dans une colonne la gauche en tête, on rompra le peloton, par les moyens inverses, en appliquant à la première section tout ce qui a été prescrit pour la deuxième, et réciproquement.

244. Dans cette supposition, le guide de gauche du peloton se portera au flanc droit

de la deuxième section; le sous-officier de remplacement, placé au flanc droit de la première section, y restera.

Former le peloton.

245. La colonne étant en marche par section, la droite en tête, lorsque l'instructeur voudra faire former le peloton, il en donnera l'ordre au chef de peloton, qui commandera :

1. *Formez le peloton.*

246. (Pl. IX. *fig.* 2.) Après avoir fait ce commandement, le chef de peloton commandera aussitôt :

1. *Première section,*

2. *Oblique à droite.*

247. Le chef de la seconde section la préviendra qu'elle devra continuer à marcher droit devant elle.

248. Le chef de peloton commandera ensuite :

2. MARCHE.

249. A ce commandement répété par le chef de la seconde section, la première obliquera à droite pour démasquer la seconde, le sous-officier de remplacement, placé au flanc gauche de cette section, se portera au

flanc droit, en passant par devant le premier rang.

220. Lorsque la première section sera près de démasquer la seconde, le chef de peloton commandera : 1. *Marquez le pas*, et à l'instant où elle l'aura démasquée, il commandera :

2. MARCHE.

La première section cessant alors d'obliquer marquera le pas.

251. Pendant ce temps, la seconde section continuera de marcher droit en avant ; et, lorsqu'elle sera près d'arriver à hauteur de la première, le chef de peloton commandera : *En avant* ; et à l'instant où les deux sections se réuniront, il commandera MARCHE ; la première section cessera alors de marquer le pas.

252. Dans une colonne la gauche en tête on formera le peloton, par les moyens inverses, en appliquant à la deuxième section ce qui a été prescrit pour la première, et réciproquement,

253. Le guide de la deuxième section, placé au flanc droit de cette section, se portera au flanc gauche dès qu'elle commencera à obliquer ; le guide de la première, placé au flanc droit de cette section, y restera.

254. L'instructeur fera aussi quelquefois rompre et former le peloton à son commandement. Il fera alors les commandements de

1. *Rompez ou formez le peloton!*

2. MARCHE.

(Suivent, du paragraphe 255 au paragraphe 259 les observations à l'instructeur, qui ne doivent pas trouver place ici.)

ARTICLE II.

Etant en colonne, mettre des files en arrière et les faire rentrer en ligne.

260. Le peloton étant en marche et supposé faire partie d'une colonne, lorsque l'instructeur voudra faire mettre des files en arrière, il en donnera l'ordre au chef de peloton, qui se tournera aussitôt face à son peloton, et commandera :

1. *Une file de gauche (ou de droite) en arrière :*

2. MARCHE.

261. Au commandement de *marche*, la première file de gauche (ou la première file de droite du peloton marquera le pas, et les autres continueront à marcher en avant ; l'homme du troisième rang de cette file se

portera, aussitôt que le troisième rang du peloton l'aura dépassé, à droite si c'est une file de gauche, à gauche si c'est une file de droite, et se placera derrière la troisième file de ce côté ; l'homme du second rang se portera de même derrière la deuxième file, et celui du premier rang derrière la première à l'instant où le troisième rang du peloton les dépassera. Chaque homme se portera à la place qui lui est indiquée en avançant un peu l'épaule extérieure, et ayant la plus grande attention à ne pas perdre de distance.

262. L'instructeur voulant faire rompre encore une file du même côté, en donnera l'ordre au chef de peloton ; ce dernier fera les commandements indiqués ci-dessus.

263. Au commandement de *marche* fait par le chef de peloton, la file déjà rompue, avançant un peu l'épaule extérieure, gagnera l'espace d'une file à droite, si ce sont des files de gauche, et à gauche si ce sont des files de droite, en raccourcissant le pas, afin de faire place, entre elle et le troisième rang du peloton, à la file qui doit se porter en arrière ; celle-ci rompra de la même manière que la première.

264. L'instructeur fera diminuer ainsi successivement le front du peloton de tel

nombre de files qu'il voudra, en faisant toujours rompre de nouvelles files du même côté.

265. Lorsque l'instructeur voudra faire rentrer des files en ligne, il en donnera l'ordre au chef de peloton, qui commandera aussitôt :

1. *Une file de gauche (ou de droite) en ligne.*

2. MARCHE.

266. Au commandement de *marche*, la première file de celles qui marchent par le flanc rentrera vivement en ligne, et les files suivantes gagneront, en avançant l'épaule droite, l'espace d'une file à gauche, si c'est par la gauche qu'on a mis les files en arrière, ou gagneront, en avançant l'épaule gauche, l'espace d'une file à droite, si c'est par la droite qu'on a mis les files en arrière.

267. Le chef de peloton, faisant face à son peloton, veillera à l'observation des principes qui viennent d'être prescrits.

268. L'instructeur, ayant ainsi fait rompre les files l'une après l'autre, et les ayant fait rentrer en ligne de même, fera rompre deux ou trois files ensemble; les files deux

gnées marqueront le pas; chaque rang avancera un peu l'épaule extérieure à mesure que le troisième rang du peloton l'aura dépassé, obliquera à la fois, et se placera derrière l'une des trois files voisines, comme si le mouvement s'était exécuté file par file, en observant de ne pas perdre de distance.

269. L'instructeur ordonnera ensuite au chef de peloton de faire rentrer en ligne deux ou trois files à la fois; les files désignées se porteront en ligne vivement et par le chemin le plus court.

270. Toutes les fois qu'on mettra des files en arrière, le guide qui est au flanc du peloton, appuiera à droite ou à gauche à mesure que le front diminuera, de manière à se trouver toujours à côté du premier homme de ceux qui marchent de front; il appuiera en sens contraire à mesure qu'on fera rentrer des files en ligne.

Observation relative au mouvement de faire mettre des files en arrière et de les faire rentrer en ligne.

271. On ne fera mettre des files en arrière que du côté de la direction afin que le peloton puisse passer facilement de la marche de front à celle de flanc.

ARTICLE III.

Marcher en colonne de route, et exécuter les divers mouvements qui en dépendent.

275. La vitesse du pas de route sera de cent par minute ; cette vitesse devra être habituellement celle des colonnes en route, lorsque la nature du pays et des chemins le permettra.

276. Le peloton étant de pied ferme et supposé faire partie d'une colonne, lorsque l'instructeur voudra le mettre en marche au pas de route, il commandera :

1. *Colonne en avant.*
2. *Guide à gauche* (ou *à droite.*)
3. *Pas de route.*
4. MARCHE.

277. Au commandement de *marche* répété par le chef de peloton, les trois rangs partiront ensemble ; les deux derniers prendront, en marchant, environ soixante-dix centimètres (vingt-six pouces) de distance entre eux et le rang qui les précède respectivement ; cette distance sera mesurée de la poitrine des hommes de chaque rang au havresac des hommes du rang qui les précède. Les soldats mettront ensuite d'eux-mêmes

l'arme à volonté, de la manière indiquée à l'école du soldat, n. 159. Ils ne seront plus tenus à marcher du même pied, ni à observer le silence. Les files marcheront à l'aise; mais on aura attention que les rangs ne se confondent pas, que les hommes du premier rang ne dépassent jamais le guide, et que les deux derniers rangs ne prennent pas trop de distance.

278. Le peloton étant en marche au pas de route, l'instructeur lui fera changer de direction du côté du guide et du côté opposé, ce qui s'exécutera sans commandement et à l'avertissement seulement du chef de peloton; le second et le troisième rang viendront successivement changer de direction à la même place que le premier; chaque rang se conformera, quoique au pas de route, aux principes qui ont été prescrits pour changer de direction à rangs serrés, avec cette seule différence que, dans les changements de direction sur le côté opposé au guide, l'homme qui est au pivot, au lieu de faire le pas de vingt-deux centimètres (huit pouces), le fera de trente-trois centimètres (un pied), afin de dégager le point de conversion.

279. Le peloton étant en marche au pas de route, lorsque l'instructeur voudra le

faire marcher au pas cadencé, il lui fera porter l'arme sur l'épaule droite, et commandera :

1. *Pas accéléré.*

2. MARCHE.

280. Au second commandement, les soldats prendront le pas cadencé, et serreront de manière à avoir quarante et un centimètres (quinze pouces) de distance entre chaque rang.

281. Le peloton marchant au pas cadencé, lorsque l'instructeur voudra le faire marcher au pas de route, il commandera :

1. *Pas de route.*

2. MARCHE.

282. Au commandement de *marche*, le premier rang continuera à marcher le pas de soixante-cinq centimètres (deux pieds), le second et le troisième rang prendront, en raccourcissant un peu le pas, la distance de soixante-dix centimètres (vingt-six pouces), qui doit les séparer respectivement du rang qui les précède, et les soldats porteront l'arme à volonté.

283. Le peloton étant en marche au pas de route, l'instructeur, supposant la néces-

sité de le faire marcher par le flanc dans la même direction, lui fera porter l'arme au bras, prendre le pas accéléré, et commandera :

1. *Peloton par le flanc droit* (ou *gauche.*)
2. *Par file à gauche* (ou *à droite*).
3. MARCHE.

284. Au commandement de *marche*, le peloton fera à droite ou à gauche, le chef de peloton se portera à côté de celui des deux guides qui doit se trouver en tête du peloton; ce guide conversera aussitôt à gauche ou à droite; toutes les files viendront successivement converser à la même place que le guide; et s'il se trouvait des files en arrière, elles converseraient de manière à suivre le mouvement du peloton.

285. L'instructeur ayant fait réformer le peloton en ligne, et lui ayant fait reprendre le pas de route, l'exercera à se rompre et à se former, ce qui s'exécutera par les mêmes commandements et les mêmes moyens qu'au pas cadencé, avec cette seule différence que, dans la section qui doit obliquer, chaque homme fera un demi à droite ou un demi à

gauche, au lieu de maintenir ses épaules carrément en ligne, afin de ne pas arrêter la subdivision qui suit. Lorsque le peloton sera rompu, les chefs de sections se porteront au flanc de leurs sections, à la place du guide qui reculera au troisième rang.

286. Le peloton étant supposé marcher au pas de route par section, l'instructeur pourra faire rompre et former les sections, si elles sont de dix files et au-dessus; car si elles étaient plus faibles, la colonne ne pourrait marcher au pas de route par demi-section, sans s'allonger.

287. On rompra et on formera les sections d'après les principes indiqués pour rompre et former le peloton; les demi-sections de droite seront commandées par le chef de peloton et par le chef de section; les demi-sections de gauche par le sous-lieutenant et le sergent-major, et à leur défaut par les guides du peloton.

288. Lorsque l'instructeur voudra faire rompre les sections, il en donnera l'ordre au chef de peloton, qui fera porter les armes, prendre le pas cadencé, et commandera ensuite :

1. *Rompez les sections.*

2. MARCHE.

289. Aussitôt que les sections seront rompues, les chefs des demi-sections se porteront au flanc de leurs demi-sections, du côté de la direction, au premier rang; les guides qui s'y trouvent reculeront au second rang; les serre-files seront répartis au troisième rang de la manière suivante : le fourrier se placera derrière le chef de peloton; le quatrième sergent derrière le sous-officier de remplacement; enfin, le troisième sergent derrière le chef de section.

290. L'instructeur fera prendre le pas de route, aussitôt que les sections seront rompues.

291. On ne rompra les sections que dans la colonne en route : ce mouvement ne devant jamais être exécuté dans les manœuvres, quelle que soit la force des pelotons.

292. Lorsque l'instructeur voudra faire reformer les sections, il en donnera l'ordre au chef de peloton qui fera porter les armes, prendre le pas cadencé, et commandera ensuite :

1. *Formez les sections.*

2. MARCHE.

293. Au premier commandement, les chefs des demi-sections se porteront devant le centre de leurs subdivisions et les guides

au premier rang. Au commandement de *marche,* le mouvement s'exécutera comme il a été prescrit pour former le peloton, n° 285. Au moment où les demi-sections se réuniront, les serre-files se reporteront à leurs places, et aussitôt que les sections seront formées, l'instructeur fera reprendre le pas de route.

294. L'instructeur fera aussi exécuter les divers mouvements de files prescrits dans l'article précédent et de la même manière; mais comme il est de règle qu'une troupe ne doit jamais occuper en colonne plus d'espace qu'elle n'en occuperait en bataille, lorsque le peloton sera rompu par section, on ne pourra réduire les sections qu'à sept de front, non compris le chef de section.

295. L'instructeur supposera quelquefois la nécessité de réduire davantage le front des subdivisions; à cet effet, il fera prendre le pas cadencé et mettre les files en arrière, jusqu'à ce que les subdivisions soient réduites à cinq hommes de front.

296. Le peloton étant rompu par section, ou par demi-section, l'instructeur le fera marcher par le flanc dans la même direction, par les commandements et les moyens indiqués n. 283 et 284. Au moment où les subdi-

visions se feront à droite ou à gauche, la première file de chacune d'elles conversera à gauche ou à droite, pour se placer à la suite de la subdivision qui la précède immédiatement. Les serre-files se porteront à leurs places de bataille avant que les subdivisions soient réunies.

297. Lorsque le peloton, marchant au pas de route, s'arrêtera, les deux derniers rangs serreront au commandement de *halte*, et les soldats porteront les armes.

ARTICLE IV.

Contre-marche.

298. Le peloton étant de pied ferme et supposé faire partie d'une colonne la droite en tête, lorsque l'instructeur voudra lui faire exécuter la contre-marche, il commandera :

1. *Contre-marche.*
2. *Peloton par le flanc droit.*
3. A DROITE.
4. *Par file à gauche.*
5. MARCHE.

299. (Pl. IX, *fig.* 4.) Au troisième commandement, le peloton fera à droite, les deux guides feront demi-tour à droite; le chef de peloton se portera à droite de son peloton, fera déboîter en arrière les trois premières

files, et se placera à côté de l'homme de droite du premier rang pour le conduire.

300. Au commandement de *marche*, les deux guides ne bougeront pas, le peloton partira vivement, la première file, conduite par le chef de peloton, conversera autour du guide de droite, et se dirigera en passant par devant le premier rang, de manière à arriver à deux pas en arrière du guide de gauche; chaque file viendra converser successivement à la même place que la première. La première file étant arrivée à hauteur du guide de gauche, le chef de peloton commandera :

1. *Peloton.*
2. *Halte.*
3. FRONT.
4. *A droite* — ALIGNEMENT.

301. Le premier commandement sera fait à quatre pas du point où le peloton devra s'arrêter.

302. Au deuxième, le peloton s'arrêtera.

303. Au troisième, le peloton fera face par le premier rang.

304. Au quatrième commandement, le peloton s'alignera à droite; le chef de peloton se portant à deux pas en dehors du guide de gauche, qui se trouve à la droite du peloton, dirigera l'alignement de manière que

le premier rang soit encadré entre les deux guides; le peloton étant aligné, il commandera FIXE, et se portera devant le centre du peloton; les deux guides, passant devant le front du peloton, iront reprendre leurs places à la droite et à la gauche du second rang.

305. Dans une colonne par section, la contre-marche s'exécutera par les mêmes commandements et d'après les mêmes principes : le guide de chaque section fera demi-tour à droite, et le chef de la section se placera à côté de la file de droite pour la conduire.

306. Dans une colonne la gauche en tête, la contre-marche s'exécutera par les commandements et les moyens inverses, mais d'après les mêmes principes. Ainsi le mouvement se fera par le flanc droit des subdivisions si la droite est en tête, et par le flanc gauche si la gauche est en tête; dans l'un et l'autre cas, les subdivisions converseront par file du côté du premier rang.

ARTICLE V.

Etant en colonne par section, se former sur la droite ou sur la gauche en bataille.

307. La colonne étant en marche par section, la droite en tête, lorsque l'instructeur voudra la former sur la droite en bataille, il commandera :

1. *Sur la droite en bataille.*
2. *Guide à droite.*

308. (Pl. IX, *fig.* 5.) Au second commandement, le guide de chaque section se portera légèrement sur le flanc droit de la section, et les soldats prendront le tact des coudes à droite; la colonne continuera à marcher droit devant elle.

309. L'instructeur, ayant fait son second commandement, se portera légèrement au point où il voudra appuyer la droite du peloton formé en bataille, et s'y placera face au point de direction de gauche qu'il choisira.

310. La ligne de bataille devra être telle que le guide de chaque section, après avoir tourné à droite, ait au moins dix pas à faire pour y arriver.

311. La tête de la colonne étant près d'arriver à hauteur de l'instructeur placé au point d'appui, le chef de la première section commandera : 1. *Tournez à droite*; et lorsqu'elle sera vis-à-vis l'instructeur, il commandera :

2. MARCHE.

312. Au commandement de *marche*, la première section tournera à droite, en se conformant à ce qui a été prescrit à l'école du soldat, n. 300. Le guide se dirigera de

manière que l'homme du premier rang, placé à côté de lui, arrive vis-à-vis l'instructeur; le chef de peloton marchera devant le centre de la première section; et lorsque le guide sera près d'arriver sur la ligne de bataille, il commandera :

1. *Section.*

2. HALTE.

313. Au commandement de *halte*, qui sera fait à l'instant où la droite de la section arrivera à trois pas de la ligne de bataille, la section s'arrêtera; les files qui ne seraient pas encore en ligne, s'y porteront promptement. Le guide ira se placer sur la ligne de bataille vis-à-vis l'une des trois files de gauche de sa section, et fera face à l'instructeur, qui l'alignera sur le point de direction de gauche. Le chef de peloton se portera en même temps au point où devra appuyer la droite du peloton, et, aussitôt que toutes les files seront arrivées en ligne, il commandera :

A droite — ALIGNEMENT.

314. A ce commandement, la première section s'alignera : l'homme du premier rang qui correspond au guide appuiera légèrement sa poitrine contre le bras gauche de ce guide, et le chef de la première section en dirigera l'alignement sur cet homme.

315. La deuxième section continuera à marcher droit devant elle, jusqu'à ce que le guide arrive à hauteur de la file de gauche de la première ; elle tournera alors à droite au commandement de son chef, et se portera ensuite vers la ligne de bataille, le guide se dirigeant sur la file de gauche de la première section.

316. Le guide étant arrivé à trois pas de la ligne de bataille, cette section sera arrêtée comme il a été prescrit pour la première ; à l'instant où elle s'arrêtera, le guide se portera légèrement sur la ligne à hauteur de l'une des trois files de gauche de sa section, et y sera assurée par l'instructeur.

317. Le chef de la seconde section, voyant toutes les files entrées en ligne et son guide établi sur la direction, commandera :

A droite — ALIGNEMENT.

318. Le chef de la seconde section, ayant fait ce commandement, ira se placer en serre-file en passant par la gauche, la seconde section se portera sur l'alignement de la première ; et lorsqu'elle y sera établie, le chef de peloton commandera :

FIXE.

319. Le mouvement étant terminé, l'instructeur commandera :

Guides — A VOS PLACES.

320. A ce commandement, le sous-officier de remplacement se portera derrière le chef de peloton, et le guide de la seconde section en serre-file.

321. Une colonne par section, la gauche en tête, se formera *sur la gauche en bataille* d'après les mêmes principes; l'instructeur commandera :

1. *Sur la gauche en bataille.*

2. *Guide à gauche.*

322. Au second commandement, le guide de chaque section se portera légèrement au flanc gauche de sa section; les soldats prendront le tact des coudes à gauche; et la colonne continuera de marcher droit devant elle.

323. L'instructeur, ayant fait son second commandement, se portera légèrement au point où il voudra appuyer le flanc gauche du peloton en bataille, et s'y placera face au point de direction de droite qu'il choisira.

324. L'instructeur observera de se placer de manière que le guide de chaque section, après avoir tourné pour se porter sur la ligne de bataille, ait au moins dix pas à faire pour arriver sur cette ligne.

325. La tête de la colonne étant près d'arriver vis-à-vis l'instructeur placé au point d'appui, le chef de la seconde section commandera : 1. *Tournez à gauche ;* et lorsqu'elle sera arrivée vis-à-vis l'instructeur, il commandera :

2. MARCHE.

326. Au commandement de *marche*, la seconde section tournera à gauche ; le guide se dirigera de manière que l'homme du premier rang, placé à côté de lui, arrive vis-à-vis l'instructeur ; le chef de section marchera devant le centre de sa section, et, lorsque le guide sera près d'arriver sur la ligne de bataille, il commandera :

1. *Section.*

2. HALTE.

327. Au commandement de *halte*, qui sera fait à l'instant où la gauche de la section arrivera à trois pas de la ligne de bataille, la section s'arrêtera ; et les files qui ne seraient pas encore en ligne s'y porteront promptement. Le guide ira se placer sur la ligne de bataille, vis-à-vis l'une des trois files de droite de sa section, et fera face à l'instructeur qui l'alignera sur le point de direction de droite;

le chef de la seconde section se portera en même temps au point où devra appuyer la gauche du peloton, et, aussitôt que toutes les files seront rentrées en ligne, il commandera :

A gauche — ALIGNEMENT.

328. A ce commandement, la seconde section s'alignera ; l'homme du premier rang, qui correspond au guide, appuiera légèrement sa poitrine contre le bras gauche de ce guide, et le chef de la seconde section en dirigera l'alignement sur cet homme.

329. La première section continuera à marcher droit devant elle, jusqu'à ce que le guide soit arrivé à hauteur de la file de droite de la seconde ; alors elle tournera à gauche, au commandement de son chef ; le guide se dirigera sur la file de droite de la seconde section.

330. Le guide étant arrivé à trois pas de la ligne de bataille, cette section sera arrêtée comme il a été prescrit pour la seconde ; à l'instant où elle s'arrêtera, le guide se portera légèrement sur la ligne à hauteur de l'une des trois files de droite de sa section, et y sera assuré par l'instructeur : le chef de peloton se portera en même temps à la gauche du peloton, à la place du chef de la

seconde section, qui ira se placer en serre-file.

331. Le chef de peloton s'étant placé à la gauche de son peloton, et toutes les files étant entrées en ligne, il commandera :

A gauche — ALIGNEMENT.

332. A ce commandement, la première section se portera sur la ligne ; le chef de peloton en dirigera l'alignement sur l'homme de droite qui correspond au guide de cette section, et commandera ensuite :

FIXE.

333. Le mouvement étant achevé, l'instructeur commandera :

1. *Guides* — A VOS PLACES.

334. A ce commandement, le chef de peloton se portera à la droite de son peloton, le sous-officier de remplacement derrière lui au troisième rang, et le guide de la seconde section en serre-file.

(Suivent, du paragraphe 335 au paragraphe 340 inclusivement, des détails inutiles ici.)

FORMATION D'UN PELOTON DE TROIS RANGS SUR DEUX ET RÉCIPROQUEMENT.

341. Le peloton étant formé sur trois rangs,

de la manière indiquée au n. 9 du titre 1er et supposé faire partie d'une colonne, la droite ou la gauche en tête, lorsque l'instructeur voudra le former sur deux rangs, il commandera :

1. *Sur deux rangs formez le peloton.*
2. MARCHE.

342. Au premier commandement, le guide de droite fera à droite.

343. Au second commandement, le guide de droite se mettra en marche, et se dirigera sur le prolongement du premier rang.

344. La première file se mettra en marche en même temps que le guide ; l'homme du premier rang tournera à droite dès le premier pas, suivra le guide et sera suivi lui-même par les hommes du second et du troisième rang de sa file, qui viendront tourner à la même place que lui. La seconde file et successivement toutes les autres se mettront en marche comme il a été prescrit pour la première, de manière que l'homme du premier rang suive immédiatement l'homme du troisième rang de la file qui se trouvait à sa droite.

345. Le guide ayant marché la moitié de l'étendue du front de peloton, s'arrêtera à

l'avertissement du chef de peloton et fera front.

346. L'homme qui suit le guide s'arrêtera en même temps que lui, et se placera à sa gauche en faisant front ; l'homme qui vient ensuite se placera derrière le premier pour former la première file ; le troisième homme se placera à côté du premier, au premier rang; le quatrième, derrière le troisième au second rang. Tous les autres viendront se placer de la même manière, alternativement au premier et au second rang, et formeront ainsi des files de deux hommes à la gauche de celles déjà établies.

347. Les serre-files prendront leurs nouvelles places de bataille à deux pas derrière le second rang.

348. Le chef de peloton surveillera la formation, et, dès qu'elle sera achevée, il fera numéroter les files et marquer les sections.

349. Le peloton étant formé sur deux rangs, lorsque l'instructeur voudra le former sur trois, il commandera :

1. *Sur trois rangs formez le peloton.*
2. MARCHE.

350. Ce mouvement s'exécutera comme il

est prescrit n. 342 et suivants, mais en observant ce qui suit :

351. Le guide de droite s'arrêtera après avoir marché quatre pas ; l'homme qui le suit s'arrêtera également et fera front, et les deux hommes qui viennent après se placeront derrière lui au second et au troisième rang ; les trois hommes suivants formeront la seconde file, et tous les autres viendront successivement former des files de trois hommes à la gauche de celles déjà établies.

Formation d'un peloton de trois ou de deux rangs sur un, et réciproquement.

352. Le peloton étant sur trois ou sur deux rangs, lorsque l'instructeur voudra le former sur un rang, il commandera :

1. *Sur un rang formez le peloton.*
2. MARCHE.

353. Ce mouvement s'exécutera d'après les principes prescrits n. 342 et suivants ; mais le chef de peloton verra filer son peloton, au lieu d'en suivre le mouvement, et lorsque le dernier homme se mettra en marche, il arrêtera le peloton et lui fera faire front.

354. Le peloton étant sur un rang, lorsque

l'instructeur voudra le former sur trois rangs ou sur deux, il commandera :

1. *Sur trois rangs* (ou *sur deux rangs*) *formez le peloton.*

2. *Par le flanc droit.*

3. *A droite.*

4. MARCHE.

355. Au troisième commandement, le peloton fera à droite, le guide et l'homme de droite resteront face en tête.

356. Au commandement de *marche*, les hommes qui ont fait à droite se mettront en marche, et formeront les files de la manière indiquée n. 350 et 351 ou n. 346, selon que le peloton devra être formé sur trois rangs ou sur deux.

Observations.

357. Les formations ci-dessus décrites s'exécuteront habituellement par la droite du peloton ; mais lorsque l'instructeur voudra les faire exécuter par la gauche, il fera faire demi-tour à droite au peloton, et fera porter les guides au troisième rang.

358. La formation s'exécutera ensuite par les mêmes commandements et d'après les mêmes principes que par le premier rang :

le mouvement commencera par la file de gauche devenue file de droite, et, dans chaque file, par l'homme du dernier rang devenu premier; le guide de gauche se conformera à ce qui a été prescrit pour le guide de droite.

359. La formation étant achevée, l'instructeur remettra le peloton face en tête.

360. Lorsqu'un bataillon en bataille devra exécuter l'une des formations qui viennent d'être décrites, le chef de bataillon le fera rompre par peloton en arrière à droite ou à gauche; ce qui étant exécuté, il fera les commandements prescrits pour l'instructeur, en faisant précéder le commandement de *marche* de l'indication de *pas accéléré*. Chaque peloton exécutera son mouvement comme s'il était isolé.

MANIEMENT

DE L'ARME DES SOUS-OFFICIERS.

Les sous-officiers auront toujours, ainsi que la troupe, la baïonnette au bout du fusil.

Les sous-officiers observeront, dans tous les temps du maniement des armes qui leur est particulier, la cadence prescrite pour le maniement des armes des soldats; pendant les charges et les feux, ils resteront au port d'armes ou l'arme au bras, selon l'ordre qui en sera donné.

Les sous-officiers de remplacement et de serre-file porteront l'arme ainsi qu'il va être prescrit.

Port de l'arme.

L'arme dans le bras droit et au défaut de l'épaule, le canon en arrière et d'aplomb, la baguette en dehors, le bras droit presque allongé, la main droite embrassant le chien et la sous-garde, crosse à plat le long de la cuisse droite, la main gauche dans le rang.

Présentez — VOS ARMES.

Un temps et deux mouvements.

Premier mouvement.

Porter l'arme avec la main droite d'aplomb vis-à-vis le milieu du corps, la baguette en avant; empoigner en même temps l'arme brusquement avec la main gauche, le petit doigt joignant l'évidement du bois en avant de la platine, le pouce allongé le long du canon contre la monture, l'avant-bras collé au corps sans être gêné, la main à hauteur du coude.

Deuxième mouvement.

Empoigner l'arme de la main droite au-dessous et contre la sous-garde, comme les soldats.

Portez VOS ARMES.

Un temps et deux mouvements.

Premier mouvement.

Glisser la main gauche jusqu'à la hauteur de l'épaule, et porter avec cette main l'arme d'aplomb contre l'épaule droite; empoigner avec la main droite le chien et la sous-garde, le bras droit presque allongé.

Deuxième mouvement.

Laisser tomber vivement la main gauche dans le rang.

Reposez-vous — SUR VOS ARMES.

Un temps et deux mouvements.

Premier mouvement.

Porter brusquement la main ganche à la grenadière; détacher un peu l'arme de l'épaule avec la main droite; lâcher l'arme de la main droite; la descendre de la main gauche, la ressaisir avec la main droite au-dessus de la capucine, le pouce droit sur le canon pour l'empoigner, les quatre doigts allongés sur le bois, l'arme d'aplomb, la crosse à huit centimètres (trois pouces) de terre, le talon de la crosse dirigé sur le côté de la pointe du pied droit, et laisser tomber la main gauche dans le rang.

Deuxième mouvement.

Laisser glisser l'arme dans la main droite, en ouvrant un peu les doigts, de manière que le talon de la crosse se place à côté et contre la pointe du pied droit.

Vos armes — À TERRE.

Comme les soldats.

Relevez — VOS ARMES.

Comme les soldats.

Portez — VOS ARMES.

Un temps et deux mouvements.

Premier mouvement.

Elever l'arme perpendiculairement, avec la main droite, à hauteur du téton droit, vis-à-vis l'épaule, à cinq centimètres (deux pouces) du corps, le coude droit y restant joint : saisir l'arme de la main gauche, au-dessous de la main droite, et descendre aussitôt la main droite pour empoigner la sous-garde et le chien, en appuyant l'arme à l'épaule, le bras droit presque allongé.

Deuxième mouvement.

Laisser tomber vivement la main gauche dans le rang.

L'arme — AU BRAS.

Un temps et trois mouvements.

Premier mouvement.

Porter l'arme en avant, avec la main droite, entre les yeux et d'aplomb, la baguette en dehors, saisir l'arme de la main gauche à la capucine, la relever à hauteur du menton, et empoigner en même temps l'arme de la main droite à onze centimètres (quatre pouces) au-dessous de la platine.

Deuxième mouvement.

Retourner l'arme, avec la main droite, le canon en dehors; l'appuyer à l'épaule gauche, et passer l'avant-bras gauche horizontalement sur la poitrine, entre la main droite et le chien, qui sera appuyé sur l'avant-bras gauche, la main gauche sur le teton droit.

Troisième mouvement.

Laisser tomber vivement la main droite dans le rang.

Portez — VOS ARMES.

Un temps et trois mouvements.

Premier mouvement.

Empoigner l'arme, avec la main droite, au-dessous et contre l'avant-bras gauche.

Deuxième mouvement.

Porter l'arme, avec la main droite, d'aplomb contre l'épaule droite, la baguette en avant, la saisir avec la main gauche à hauteur de l'épaule droite; tourner en même temps la main droite pour empoigner la sous-garde et le chien, le bras droit presque allongé.

Troisième mouvement.

Laisser tomber vivement la main gauche dans le rang.

Remettez — LA BAIONNETTE.

Un temps et trois mouvements.

Premier mouvement.

Porter brusquement la main gauche à la grenadière, détacher un peu l'arme de l'épaule avec la main droite.

Deuxième mouvement.

Descendre l'arme de la main gauche, la ressaisir avec la main droite au-dessus de la capucine; poser la crosse à terre, en laissant glisser l'arme dans la main gauche ; rapporter aussitôt la main droite à la baïonnette.

Troisième mouvement.

Oter la baïonnette et la mettre dans le fourreau; saisir ensuite l'arme, avec la main droite, un peu au-dessus de la capucine; laisser tomber en même temps la main gauche, et reprendre la position du soldat reposé sur l'arme.

Portez — VOS ARMES.

Comme étant reposé sur les armes.

Baïonnette — AU CANON.

Un temps, trois mouvements.

Premier et second mouvement comme ceux de remettre la baïonnette, excepté qu'à la fin du second mouvement la main droite ira saisir la baïonnette par la douille et la branche, de manière que l'extrémité de la douille dépasse de deux centimètres (un pouce) le talon de la main.

Troisième mouvement.

Arracher brusquement la baïonnette avec

la main droite, et la mettre au bout du canon; saisir ensuite l'arme, avec la main droite, au-dessus de la capucine, et laisser tomber vivement la main gauche dans le rang.

Portez — VOS ARMES.

Comme étant reposé sur les armes.

MANIEMENT

DE L'ARME DES CAPORAUX.

Lorsque les caporaux seront dans le rang ils porteront l'arme comme les soldats; mais s'ils font partie de la garde du drapeau, s'ils sont en serre-file, ou s'ils marchent à la tête d'une troupe ou d'une pose de sentinelles, ils porteront le fusil dans le bras droit comme les sergents, ce qui s'exécutera de la manière suivante :

Portez l'arme — COMME SERGENT.

Un temps et trois mouvements.

Premier mouvement.

Empoigner l'arme avec la main droite, en tournant la platine en-dessus, comme au premier mouvement de *présentez vos armes.*

Deuxième mouvement.

Porter l'arme d'aplomb, avec la main droite, contre l'épaule droite, la baguette en dehors, le bras droit presque allongé, la main droite empoignant le chien et la sous-garde; saisir l'arme avec la main gauche, à hauteur de l'épaule.

Troisième mouvement.

Laisser tomber vivement la main gauche dans le rang.

Croisez — LA BAIONNETTE.

Un temps et deux mouvements.

Premier mouvement.

Elever un peu l'arme avec la main droite, en faisant un demi à droite sur le talon gauche, et rapportant le milieu du pied droit vis-à-vis et à environ huit centimètres (trois pouces) du talon gauche.

Deuxième mouvement.

Laisser tomber l'arme dans la main gauche, qui la saisira un peu en avant de la capucine, le canon en dessus, le coude gauche appuyé au corps; empoigner en même temps l'arme au-dessous de la sous-garde avec la main droite, qui vienda s'appuyer contre la hanche, la pointe de la baïonnette à hauteur de l'œil.

Portez — VOS ARMES.

Un temps et deux mouvements.

Premier mouvement.

Redresser l'arme avec la main gauche, en revenant face en tête, la placer contre l'épaule droite, la baguette en avant, empoigner en même temps le chien et la sous-garde avec la main droite.

Deuxième mouvement.

Lâcher l'arme de la main gauche, en la laissant tomber dans le rang, et allonger en même temps le bras droit.

Portez l'arme — COMME SOLDAT.

Un temps et trois mouvements.

Premier mouvement.

Détacher l'arme de l'épaule, la porter d'aplomb entre les yeux, la saisir avec la main gauche à hauteur du col; prendre avec la main droite l'arme à la poignée, la main à hauteur du coude, la baguette en avant.

Deuxième mouvement.

Elever l'arme avec la main droite, le pouce allongé le long de la contre-platine; tourner le canon en dehors; placer l'arme contre l'épaule gauche; descendre en même temps la main gauche sous la crosse.

Troisième mouvement.

Laisser tomber vivement la main droite dans le rang.

MANIEMENT

DE L'ÉPÉE OU DU SABRE DES OFFICIERS.

PORT DE L'ÉPÉE OU DU SABRE.

La poignée dans la main droite, qui sera placée à hauteur et contre la hanche droite, la lame appuyée à l'épaule.

SALUT DE L'ÉPÉE OU DU SABRE.

Trois temps.

Un. A six pas de la personne que l'on doit saluer, élever l'épée ou le sabre perpendiculairement, la pointe en haut, le plat de la lame vis-à-vis l'œil droit, la garde à hauteur de l'épaule, le coude appuyé au corps.

Deux. Baisser la lame en étendant le bras de manière que la main droite soit placée à côté de la cuisse droite, et rester dans cette position jusqu'à ce que la personne qu'on aura saluée soit dépassée de six pas.

Trois. Relever l'épée ou le sabre, et placer la lame contre l'épaule droite.

SALUT DU DRAPEAU.

—

Dans le rang, les porte-drapeaux, soit de pied ferme, soit en marchant, porteront toujours le drapeau le talon à la hanche droite, et, lorsque les drapeaux devront rendre les honneurs, les porte-drapeaux salueront de la manière suivante :

La personne qu'on devra saluer étant éloignée de six pas, élever la main droite le long de la lance jusqu'à ce qu'elle soit arrivée à hauteur de l'œil ; baisser la lance, en allongeant le bras de toute sa longueur, sans que le talon du drapeau quitte la hanche, et relever la lance, lorsque la personne qu'on aura saluée sera dépassée de six pas.

INSTRUCTION

POUR LE TAMBOUR-MAJOR.

La place des tambours, clairons et musiciens, dans l'ordre de bataille, a été déterminée au titre 1er.

En colonne de manœuvre, les tambours marcheront à hauteur du cinquième peloton de leur bataillon, du côté opposé au guide.

Dans la colonne de route, ainsi que dans le passage du défilé, en avant ou en retraite, ils marcheront à la tête de leurs bataillons respectifs.

Batteries et sonneries.

Le nombre des batteriss est fixé à vingt, non comprise la batterie particulière à chaque régiment. Ces batteries sont :

Pour les tirailleurs.

1. *La générale.* — 2. *L'assemblée.* — 3. *Le rappel.* — 4. *Au drapeau.* — 5. *Aux champs.* — 6. *Le pas accéléré.* — 7. *Le pas de charge.* — 8. *La diane.* — 9. *La retraite.* — 10. *Le ban.* — 11. *La messe.* — 12. *La berloque.* — 13. *Le rappel aux tambours.* — 14. *Le roulement.* — 15. *A l'ordre* — 16. *Le pas re-*

doublé. — 17. *Le pas de course.* — 18. *Halte.* — 19. *Marcher en retraite.* — 20. *Commencer le feu.*

Le nombre des sonneries est fixé à vingt-six, non comprise la marche particulière à chaque régiment. Ces sonneries sont :

Pour les chasseurs.

1. *La générale.* — 2. *L'assemblée.* — 3. *Le rappel* — 4. *Au drapeau.* — 5. *Le pas ordinaire.* — 6. *Le pas accéléré.* — 7. *Le pas de charge.* — 8. *Le réveil.* — 9. *La retraite.* — 10. *Le ban.* — 11. *La messe.* — 12. *La berloque.* — 13. *Le rappel aux clairons* — 14. *L'appel.* — 15. *A l'ordre.* — 16. *Le pas redoublé.* — 17. *Le pas de course.* — 18. *Marcher en avant.* — 19. *Halte.* — 20. *Marcher en retraite.* — 21. *Commencer le feu.* — 22. *Cesser le feu.* — 23. *Marcher par le flanc droit.* — 24. *Marcher par le flanc gauche.* — 25. *Ralliement sur la réserve.* — 26. *Ralliement au bataillon.*

Signaux du tambour-major pour les différentes batteries.

1. *La générale*... Etendre le bras droit, empoigner la canne au milieu, et élever la pomme à hauteur du cou.

2. *L'assemblée*... Etendre le bras droit,

élever la canne à peu près d'un pied de terre, en mettant le pouce sur la pomme.

3. *Le rappel*... Mettre la canne sur l'épaule droite, le bout en arrière.

4. *Au drapeau*... Elever le bras, tourner le poignet en dedans, de façon que la canne croise horizontalement devant soi à hauteur du cou.

5. *Aux champs*. Elever la canne perpendiculairement, le bout en haut, le bras droit étendu à hauteur de l'épaule.

6. *Pas accéléré*. Elever la canne, le bras droit étendu, la paume de la main tournée en avant, la pomme de la canne au-dessus de l'épaule droite, le bout de la canne à hauteur et devant la poignée du sabre.

7. *Pas de charge*. Porter la canne directement devant soi, le bout en avant, l'avant-bras droit étendu, le coude en arrière. et indiquer l'accélération du pas en agitant la main droite.

8. *La diane*..... Prendre la canne de la main gauche, et mettre le pouce sur la pomme à la hauteur de l'épaule gauche.

9. *La retraite*... Passer la canne croisée derrière le dos.

10. *Le ban*..... Passer diagonalement la canne devant la figure, la pomme à droite, les

doigts en dessous, et appuyer le jonc dans la saignée du bras gauche, que le bout de la canne doit dépasser d'un pied.

11. *La messe*..... Porter la pomme de la canne sur l'épaule droite.

12. *La berloque*... Prendre la canne par le cordon, et étendre le bras à hauteur de l'épaule.

13. *Le roulement*... Etendre le bras droit et agiter vivement le bras et la canne.

Signaux pour les évolutions des tambours.

1. Pour faire marcher par le flanc droit, prendre la canne par le milieu et étendre le bras à droite.

2. Pour faire marcher par le flanc gauche, faire le même signal, en étendant le bras gauche.

3. Pour faire rompre le peloton, laisser tomber le bout de la canne dans la main gauche à hauteur des yeux.

4. Pour former le peloton, laisser tomber la pomme de la canne dans la main gauche à hauteur des yeux.

5. Pour faire changer de direction, se tourner à demi vers les tambours, et leur indiquer, par un mouvement de la canne, de quel côté ils devront tourner.

6. Pour faire marcher obliquement à droite, étendre le bras droit à hauteur de l'épaule; tenir la canne de biais, et empoigner le bout avec la main gauche, à hauteur de la hanche.

7. Pour faire marcher obliquement à gauche, faire le signal inverse : la pomme de la canne indiquera toujours le côté vers lequel on devra obliquer.

POSER LA CAISSE A TERRE.

Trois mouvements.

1. *Remettre les baguettes*... Empoigner la canne en dessous de la pomme; l'élever à hauteur des yeux, en étendant le bras en avant.

2. *Défaire la caisse.* Rapprocher la pomme contre la poitrine.

3. *Poser la caisse à terre.* Comme pour remettre les baguettes.

4. *Relever la caisse.* Même signal que pour remettre la caisse à terre.

5. *Rattacher la caisse.* Même signal que pour défaire la caisse.

6. *Tirer les baguettes.* Même signal que pour remettre les baguettes.

SERVICE DES POSTES.

—

Art. 1er Un chef de postes devant être de garde se rendra sur la place d'armes de son quartier à une heure indiquée par la place, il devra se faire connaître aux hommes qui composent son poste et s'assurer que les armes sont en bon état.

Art. 2. Le chef de poste placera sa garde sur un rang, s'il y a 6 hommes et au-dessous, sur deux rangs de 7 à 12 hommes et sur trois rangs de 13 et au-dessus.

Art. 3. Partant de la place d'armes, il fera mettre la baïonnette au canon et commandera : Portez vos armes, par le flanc droit, pas accéléré, marche ; il se rendra à son poste l'arme au bras.

Art. 4. Pour les gardes commandées par un officier, le tambour battra à 15 pas du poste qu'il doit relever, il fera prendre le pas ordinaire et ira se placer à la gauche de l'ancienne ; quand le terrain ne le permettra pas, il se placera derrière cette garde et fera face au corps-de-garde, les chefs des deux gardes s'avanceront l'un sur l'autre et celui de l'ancienne garde donnera la consigne et tous les renseignements nécessaires pour la sûreté du poste. Pendant ce temps, le plus ancien caporal, qui sera dénommé caporal de consigne, ira prendre connaissance du mobilier du corps-de-garde qu'il recevra du caporal de consigne de l'ancienne garde et en rendra compte à son chef. Ces dispositions étant faites, le chef de poste désignera par leur numéro les hommes qui doivent aller en faction. On placera toujours les hommes les plus instruits aux endroits les plus exposés. Le deuxième caporal sera dénommé caporal de pose, il sera chargé de relever les sentinelles.

Après que le chef de poste aura désigné les hommes qui doivent aller en faction, ce caporal fera porter les armes et commandera: En avant, marche; la sentinelle devant les armes sera relevée la première; elle sera dispensée de le suivre; il ira ensuite à la plus éloignée et relèvera en revenant à son poste toutes les autres, qui le suivront, le caporal de l'ancienne garde sera toujours présent, afin de s'assurer que la consigne a bien été donnée.

Art. 5. Les sentinelles de l'ancienne garde étant rentrées au poste, le chef de cette garde fera porter les armes, par le flanc droit, en avant marche ; à quinze ou vingt pas du poste, il fera remettre la baïonnette et la conduira sur la place d'armes où il fera rompre les rangs.

Art. 6. Le chef de poste est responsable des hommes qu'il a sous ses ordres, ainsi que de toute scène de désordre qui se commettrait dans son poste.

Art. 7. Il est expressément défendu au chef de poste d'introduire ou laisser introduire des étrangers dans son poste et d'y laisser boire ou chanter.

Art. 8. Les sentinelles doivent toujours être prêtes à se défendre, elles ne doivent jamais abandonner leur poste. Il leur est interdit de fumer, s'asseoir et de parler sans nécessité ; elles feront toujours face aux personnes auxquelles elles rendront les honneurs ; elles prendront la position dix pas avant que la personne soit arrivée à elles, et resteront dans cette position dix pas après qu'elles auront été dépassées.

Art. 9. Depuis le grade de chef de bataillon et au-dessus, les sentinelles présentent les armes ; du grade de sous-lieutenant au grade de capitaine elles les portent.

Art. 10. Pendant le jour, la sentinelle devant les armes criera aux armes chaque fois qu'elle apercevra une troupe armée. Pour un rassemblement d'hommes sans armes, elle préviendra le chef de poste de se tenir sur ses gardes.

RONDES ET PATROUILLES.

Art. 1er Le jour, la sentinelle devant les armes, apercevant l'officier supérieur ou le capitaine de visite, criera aux armes; la garde se formera promptement, son chef l'alignera après lui avoir fait porter les armes et attendra les ordres de l'officier de visite.

Art. 2. Pendant la nuit, une sentinelle voyant arriver une ronde ou une patrouille, apprêtera les armes et criera d'une voix forte, qui vive! La ronde ou la patrouille s'étant annoncée : elle criera, halte-là! Caporal, venez reconnaître ronde d'officier ou patrouille, suivant l'espèce; le caporal sortira accompagné de deux hommes armés, se portera à quelques pas en avant de la sentinelle, fera apprêter les armes, se portera à deux pas en avant de ses deux hommes, apprêtera les armes et criera qui vive! lui ayant été répondu, il attendra que le chef de la patrouille qui doit s'avancer toujours seul, ou l'officier vienne lui donner le mot d'ordre, auquel il répondra par le mot de ralliement.

Art. 3. Si c'est une ronde supérieure qui s'est annoncée, la sentinelle devant les armes arrêtera et criera aux armes! chef de poste, ronde d'officier supérieur. Pendant ce temps, le chef de poste, qui a dû disposer sa garde en ordre, se portera ensuite accompagné de quatre gardes nationaux et éclairé par le caporal de consigne, fera apprêter les armes, se portera à dix pas en avant des quatre hommes, criera qui vive! Il donnera le mot d'ordre et recevra le mot de ralliement; il fera demi-tour à droite, les quatre hommes rentreront à la garde et lui rendra compte de ce qu'il y a de nouveau dans son poste.

Ordres et rapports portés à la place et aux officiers.

Le chef de poste enverra un homme intelligent à l'état-major de la place, à l'heure indiquée, porter le rapport des vingt-quatre heures.

Cet homme portera son arme dans le bras droit ou sur l'épaule droite; s'il rencontre sur son passage un officier, il portera l'arme dans le bras droit. Arrivé à la place, il prendra place au cercle et présentera son rapport de la main gauche ; le cercle rompu, il retournera de suite à son poste. S'il survient quelque chose de nouveau après que le rapport a été rendu, le chef de poste en rend un autre.

Une dépêche, depuis le grade de sous-lieutenant au grade de capitaine, est remise : l'homme au port d'arme la présente de la main gauche.

Pour un officier supérieur, on présente les armes et l'on remet la dépêche de la main droite ; dans l'un et l'autre cas, après remise de la dépêche, et après avoir porté les armes, on fait demi-tour à droite et l'on attend, à quelques pas, la réponse ou le reçu.

Les chefs de poste doivent toujours faire numéroter leurs hommes avant de les faire entrer au poste et placer les armes au ratelier suivant leur numéro. Ils doivent aussi former leur garde en deux ou quatre divisions, afin que si une garde est appelée à faire feu, elle ne se dégarnisse pas à la fois de tout son feu.

Les patrouilles doivent toujours avoir l'arme

au bras, marcher en silence et observer les endroits qui leur paraissent suspects.

Mesures à prendre pour un incendie.

En cas d'incendie, le chef de poste enverra un caporal et quatre hommes sur le lieu de l'incendie pour voir si le feu est dangereux; s'il paraissait tel, ce dernier enverrait de suite un homme en prévenir le chef du poste, lequel enverrait un nouveau renfort afin d'éviter le désordre et de faciliter les premiers secours.

Le chef de poste en instruira immédiatement la place en indiquant le lieu de l'incendie, et demandant du renfort. Les troupes de la place arrivées, le caporal ramènera son détachement au poste.

ARRESTATIONS.

Les malfaiteurs arrêtés seront conduits sous bonne escorte à la place, le matin, à l'heure du rapport, le chef de poste en est responsable.

Nettoiement des armes, de la buffleterie, de la giberne, etc.

On doit apporter la plus grande attention

à ne pas laisser la rouille s'attacher à ses armes, parce qu'on ne les repolit qu'en altérant les pièces rouillées et en les privant de leur première surface, ce qui diminue d'autant leur épaisseur.

Pour conserver un fusil poli, il suffit de l'essuyer souvent avec un morceau de drap, surtout après s'en être servi. Si l'on se met en route, on doit employer un chiffon gras ; il faut avoir soin de tenir les pièces de la platine toujours un peu humectées d'huile, afin d'en faciliter le mouvement. C'est surtout la partie du ressort de batterie sur laquelle frotte le pied de batterie, et celle de la noix sur laquelle repose la griffe du grand ressort, qui exigent cette précaution, sans laquelle ces pièces se dégradent très-promptement.

Pour enlever la rouille qui s'attache aux armes, on se sert d'émeri humecté d'huile d'olive, dont on frotte chaque pièce avec un morceau de bois tendre ; on fouille dans les angles ou sinuosités avec des curettes ou spatules en bois. On emploie le même moyen lorsque les armes sont ternies, afin de leur rendre la fraîcheur du neuf.

Lorsqu'on a tiré de cinquante à soixante-dix coups, on doit laver intérieurement le canon du fusil ; on attache un chiffon au bout du tire-balle, et l'on frotte le canon après y avoir mis de l'eau chaude. Il faut ensuite le faire sécher au feu ou au soleil ; on ne saurait trop recommander ce soin, car chaque partie qui conserverait de l'humidité serait bientôt tachée de rouille.

Lorsque l'on veut dérouiller ou polir un canon, il est nécessaire qu'il soit toujours soutenu immédiatement au-dessous de la partie que l'on frotte ; sans cette précaution, on le fausse, on le courbe, il n'est plus possible ensuite de le redresser parfaitement ; il faut surtout éviter de l'appuyer sur les deux extrémités.

Lorsque l'on veut conserver l'onctuosité des pièces en fer que l'on vient de nettoyer, il convient de les essuyer avec un chiffon gras, afin d'en enlever les moindres parties de brique ou d'émeri qui pourraient y être restées.

Pour nettoyer des pièces en cuivre, il faut éviter les corps gras, qui agissent sur ce métal et le couvrent de vert de gris ; on doit employer de la brique pilée ou du tripoli mêlé avec du vinaigre.

On ne doit laisser le soldat démonter que rarement son fusil, parce qu'il est difficile d'obtenir de lui qu'il le remonte avec tout le soin nécessaire : les vis sont souvent forcées dans leurs écrous, et les filets, en se mordant les uns les autres, se détruisent. Les vis de platine, si elles sont trop serrées, gênent à l'action des pièces ; il faut ôter les garnitures, la platine et le canon de dessus le bois, le chien de dessus la platine, et, sans les démonter, nettoyer ainsi ces pièces. Si l'arme n'est pas en trop mauvais état, ce sera une opération facile ; mais, afin de ne pas endommager le bois, il faut faire en sorte de ne pas retirer la sous-garde et la détente, autrement on courrait risque de les dégrader en chassant les goupilles qui les retiennent.

Il n'est pas besoin de démonter le bassinet pour nettoyer une platine ; on doit aussi éviter de déculasser le fusil, ainsi que de déplacer la plaque de couche. Ces opérations ne peuvent être faites que par un armurier.

Il faut démonter un fusil pour le nettoyer à fond, dans l'ordre suivant :

La baïonnette, la baguette, les deux grandes vis, le porte-vis, la platine, la goupille du battant de sous-garde, le pontet, la goupille de la détente, la détente. (Ces cinq dernières pièces demandent à être démontées avec la plus grande circonspection ; on doit même, autant que possible, s'abstenir d'y toucher.) L'embouchoir, la grenadière, la vis de culasse, la capucine, le canon, la vis de l'écusson et l'écusson. (Ces deux dernières pièces doivent aussi être démontées le plus rarement possible.)

En remontant le fusil, on doit commencer par la dernière pièce indiquée au démontage, et ainsi de suite, afin d'observer l'ordre inverse.

On doit démonter la platine en suivant l'ordre ci-après :

On commence à démonter la platine par la vis du ressort de gâchette, en ayant soin de faire lever le ressort, de façon que le pivot puisse être hors de son encastrement avant que la vis soit sortie de son trou, ensuite le ressort de la gâchette, la vis de gâchette, la gâchette, la vis de bride, la bride, la vis de noix, le chien, la noix; il faut avoir soin de la repousser avec un poinçon qui entre facilement dans le trou destiné à recevoir sa vis, afin de pouvoir la faire sortir du carré du chien ; on doit ensuite retirer la vis du grand ressort, le grand ressort, la vis de batterie, la batterie, la vis du ressort de batterie, le ressort de batterie (pour cette pièce on doit employer le monte-ressort pour presser les ressorts, et non la baguette ou un clou, ou tout autre instrument), la vis du bassinet, le bassinet, la vis du chien, et enfin la mâchoire.

Ainsi que nous l'avons observé pour le fusil, la platine doit se remonter dans l'ordre inverse ; la vis du ressort de gâchette ne doit être qu'à moitié serrée, afin de donner au pivot la liberté d'entrer dans son encastrement au moyen d'une pression faite avec le tourne-vis ; lorsque toutes les pièces sont en place, on peut serrer la vis ; on doit avoir soin aussi de placer un peu d'huile à chaque trou de vis et à l'extrémité de leur tige, ainsi qu'aux trous qui reçoivent l'axe et le pivot de la noix ; de même qu'à la platine, lorsqu'elle est démontée, on doit en mettre sous les branches mobiles de ressorts et sur la griffe de la noix, et faire jouer les pièces de la platine, afin de s'assurer si elles sont en bon état.

Manière de blanchir les buffleteries.

La manière la plus simple et la plus usitée est de faire bouillir du son dans de l'eau, en quantité suffisante pour la rendre blanche ; on la tire au clair et on y délaie de la terre de pipe . ce mélange ne doit être ni trop clair ni trop épais. On l'applique à froid avec un pinceau.

Lorsque le buffle est neuf, il arrive quelquefois que des parties grasses refusent de prendre le blanc. Pour y remédier, on gratte ces places et on y applique une dissolution de terre de pipe et de blanc d'Espagne sans colle, en recommençant autant de fois qu'il est nécessaire pour obtenir un blanc égal.

Pour cirer la giberne.

Si la giberne est neuve, il est nécessaire de la ratisser entièrement et l'unir ensuite à la pierre ponce, afin d'en faire sortir le noir durci qui empêcherait le cuir de recevoir la cire ; on frotte ensuite la giberne avec la cire, en l'exposant au-dessus d'un feu de paille, afin de chauffer la cire sans cependant griller le cuir ; on doit surtout prendre garde à ce que la cire soit étendue d'une manière égale, afin que chaque couche fasse corps entre elles ; on se sert ordinairement d'un polissoir de bois dur ou d'une pierre unie pour étendre la cire, que l'on fait briller ensuite avec un bouchon.

Lorsque la cire est froide, on l'essuie légèrement avec du drap fin, ou même du linge mis en tampon, afin de faire disparaître toutes les taches ; on frotte ensuite la giberne avec la paume de la main.

Si la giberne a déjà servi, et que la cire soit ternie et ne puisse plus revenir brillante, il faut la faire chauffer, avec la précaution de ne pas endommager le cuir ; ensuite vous la grattez et cirez comme si elle était neuve.

Dans le cas où la patelette prendrait un mauvais pli, il faudrait la frotter avec l'astic, ensuite assouplir le cuir en le chauffant légèrement, et dans cet état, on peut, avec les mains, lui donner telle forme que l'on désire, il la conserve en perdant sa chaleur.

Pour faire la cire à giberne.

On fait fondre une livre de cire blanche, à laquelle on peut ajouter un peu de gomme arabique, pour la rendre plus brillante ; on verse une partie de cette cire fondue sur une once de noir d'ivoire, avec lequel on la mêle soigneusement ; lorsque cette mixtion est effectuée, on la réunit au restant de la cire, on remet le tout sur le feu, et on fait faire un bouillon en remuant doucement. On passe au tamis et on coule dans des moules.

Manière de nettoyer les galons d'argent.

Lorsque les galons d'argent sont ternis, on emploie de la poudre de talc très-fine, que l'on mêle avec de la mie de pain le plus menu possible. Après avoir mis une partie de ce mélange sur le galon, on le frotte avec une brosse douce; mais pour éviter de plomber le galon, il faut ne pas frotter trop long-temps.

FIN.

RÉPUBLIQUE FRANÇAISE.

GOUVERNEMENT PROVISOIRE.

(Extrait des arrêtés concernant la garde nationale.)

Arrêté du 13 *mars* 1848.

Art. 2. Les compagnies actuellement existant sous la dénomination de grenadiers ou de voltigeurs sont supprimés, et les citoyens qui les composent seront immédiatement inscrits sur le contrôle de la compagnie au territoire de laquelle ils appartiennent par leur domicile, quel que soit l'effectif de cette compagnie.

Arrêté du 10 avril 1848.

Art. 1er L'habillement, la coiffure, l'équipement et l'armement des corps d'infanterie de la garde nationale de la République, sont déterminés conformément aux dispositions suivantes :

1° GARDES NATIONAUX.

Habillement. — Tunique en drap bleu, boutonnant droit sur la poitrine, au moyen de neuf gros boutons, et couvrant le genou à environ 500 millimètres de terre; passe-poil écarlate; collet échancré de 105 millimètres et agrafé, écarlate et doublé de même couleur, orné de grenades blanches. Parements ronds, hauts de 75 millimètres, en drap écarlate, passe-poil écarlate, avec pattes blanches à trois pointes, fermées par trois petits boutons.

et passe-poil écarlate, hautes de quatre-vingt-dix millimètres, larges de quarante-cinq millimètres, mesurées aux pointes, et de trente millimètres, mesurées au milieu des courbes; poches en long, à deux pointes, figurées par un passe-poil écarlate, avec un gros bouton sur chaque pointe; boutons de métal blanc, à filets, bombés, portant un coq, dont la patte droite repose sur une sphère, et autour là légende: *République française*, du diamètre, les gros, de 23 millimètres, les petits, de 15 millimètres (ce bouton sera le même pour tous les grades); brides d'épaulettes à fond rouge sur doublure en drap bleu, large de 12 millimètres; épaulettes à corps et franges en laine écarlate, doublées de bleu, et retenues par un petit bouton.

Pantalon. — Coupé droit et large, tombant naturellement sur les cou-de-pieds, rond par le bas et sans ouverture; *tenue d'hiver* : drap bleu, passe-poil écarlate ; *tenue d'été* : étoffe dite buffine, chaîne et trame en coton blanc parfait.

Coiffure. — Shako en feutre noir, haut, du devant de 190 millimètres, et de la partie opposée de 220 millimètres; calot en cuir verni, du diamètre de 160 millimètres; bord supérieur de shako garni d'un galon écarlate de 35 millimètres ; visière en cuir verni, à jonc saillant ; jugulaire en métal blanc, à écailles non détachées, avec grenade sur les attaches ; pompon sphéroïde en laine rouge, d'une circonférence de 250 millimètres, rouge pour les bataillons non réunis en légion et de couleur différentes pour chacun des bataillons d'une même légion.

Plaque de shako en métal blanc, de 120 millimètres de hauteur, sur 120 de largeur, représentant un coq aux ailes déployées, la tête tournée à droite, la patte gauche posée sur une sphère, où doit être découpé, selon le cas, le numéro de la légion ou du bataillon, la patte droite sur les faisceaux de la République. De chaque côté de la sphère, un drapeau national, sur lequel sont inscrits les mots : *Liberté, Egalité, Fraternité.* Au point inférieur de la sphère, l'emblême de la Bonne-Foi, représenté par deux mains qui s'étreignent. Enfin, une banderole partant de dessous les faisceaux, et dont les extrémités, relevées de chaque côté, portent en légende: *République française.*

Cocarde en métal, du diamètre de 66 millimètres, présentant les couleurs nationales disposées comme suit : le centre *bleu*; la zone intermédiaire *blanche*; la zone extérieure *rouge écarlate.*

Equipement :

Ceinturon en buffle blanc de 60 millimètres de hauteur : plaque blanche avec grenade; verrou et agrafe; contre-sanglon de 110 millimètres de long porte-sabre et porte-baïonnette; fourreau de baïonnette.

Giberne. — Coffre de 190 millimètres de largeur, prise en dehors, 90 millimètres de hauteur, et 49 millimètres d'épaisseur. Pattelette en cuir verni ou ciré, 210 millimètres de longueur sur 200 millimètres de largeur; passe de la giberne, 100 millimètres de largeur ; boucle étamée sans rouleau, grenade en métal blanc sur la pattelette, de 75 millimètres de hauteur, sans aucune doublure.

Armement. — Fusil d'infanterie avec bretelle de buffle, blanche, large de 35 millimètres, longue de 900 millimètres, piquée. Sabre-briquet sans dragonne. Epinglette blanche, de 190 millimètres de longueur, attachée au troisième bouton de la tunique.

FIN.

TABLE.

TITRE II. — ÉCOLE DU SOLDAT.

PREMIÈRE PARTIE.

DEUXIÈME PARTIE.

TROISIÈME PARTIE.

TITRE III. — ÉCOLE DE PELOTON.

PREMIÈRE LEÇON.

SECONDE LEÇON.

TROISIÈME LEÇON.

QUATRIÈME LEÇON.

CINQUIÈME LEÇON.

SIXIÈME LEÇON.

FIN DE LA TABLE.

Poissy. — Imp. de G. Olivier.

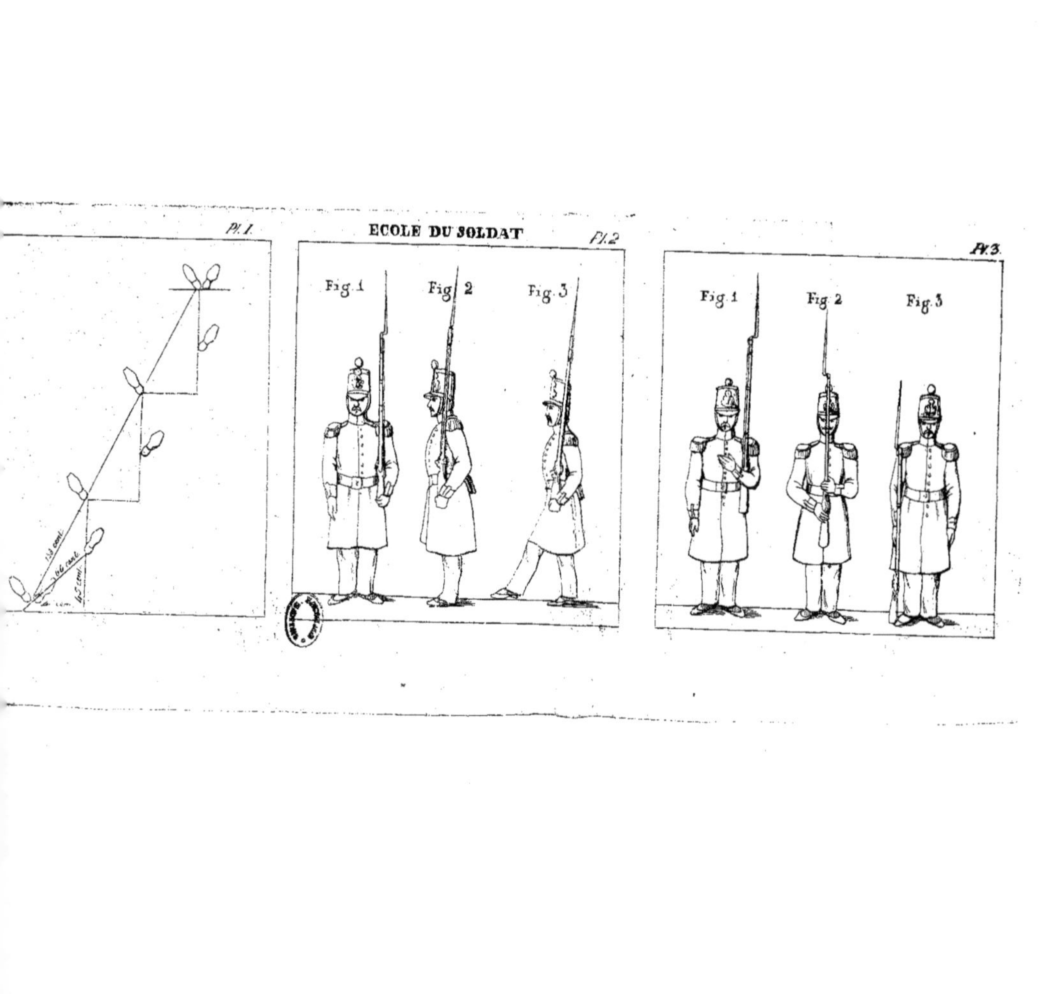
ECOLE DU SOLDAT
Pl. 1.
Pl. 2
Pl. 3.
Fig. 1
Fig. 2
Fig. 3
Fig. 1
Fig. 2
Fig. 3

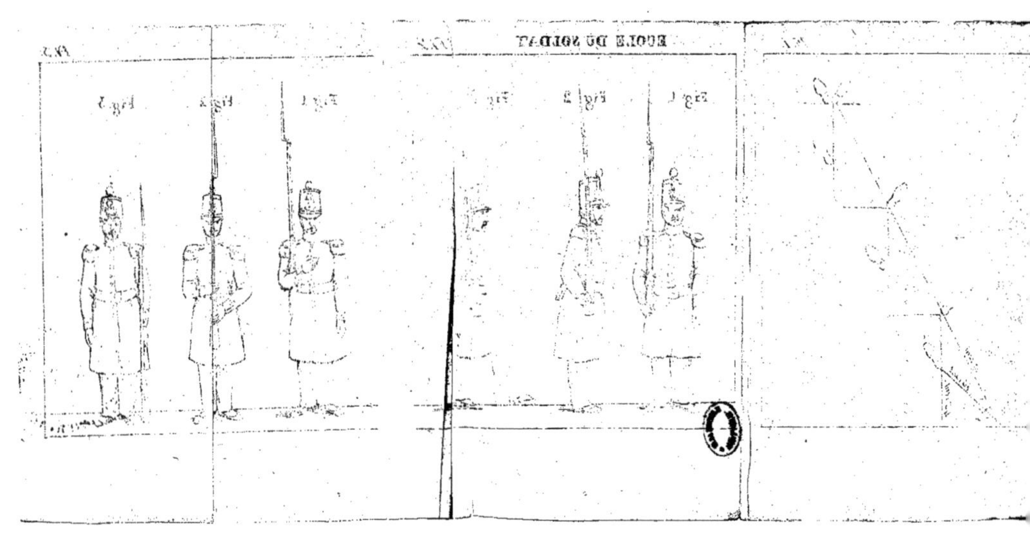
ECOLE DU SOLDAT
Fig. 1
Fig. 2
Fig. 3

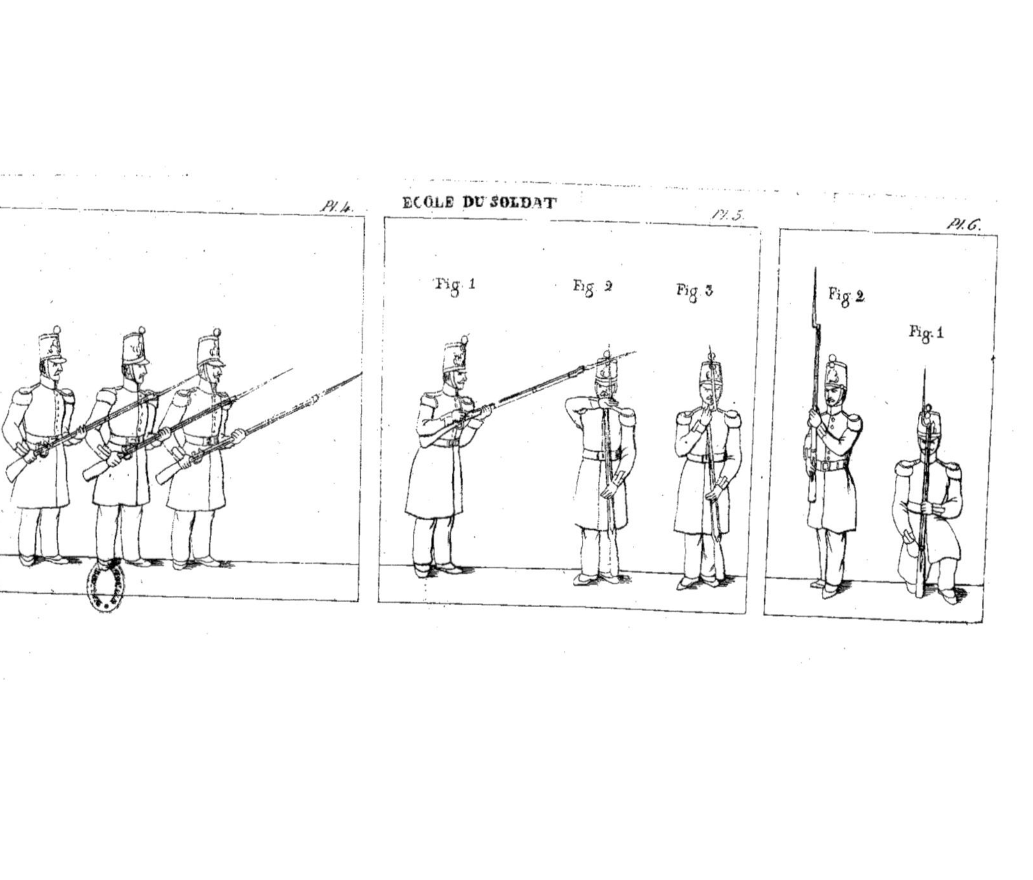
ECOLE DU SOLDAT
Pl. 4.
Pl. 5.
Fig. 1
Fig. 2
Fig. 3
Pl. 6.
Fig. 2
Fig. 1

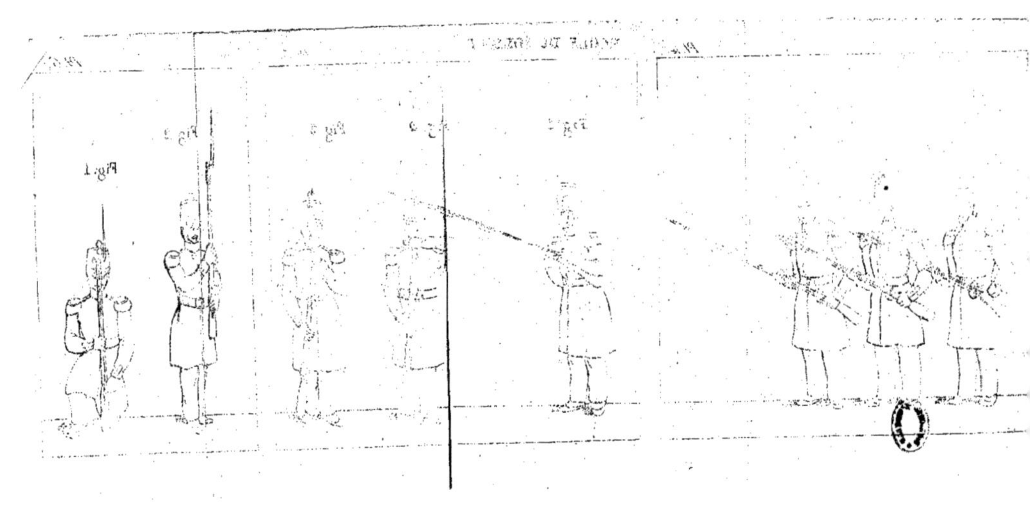

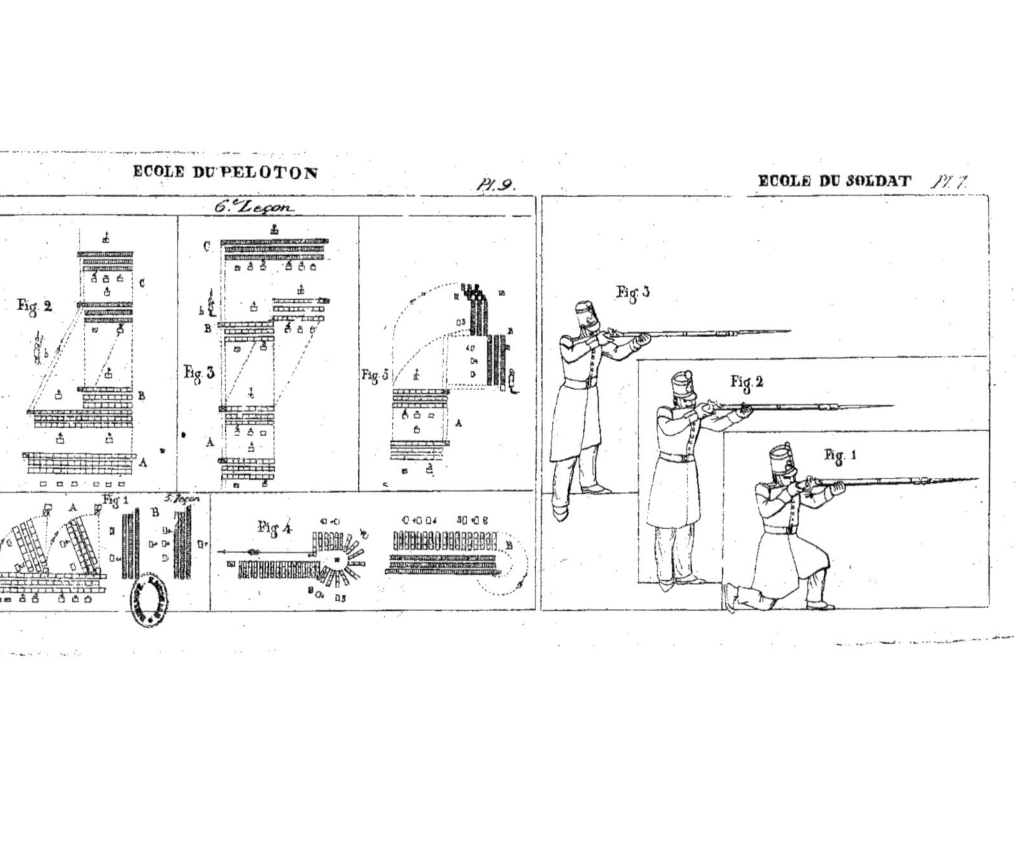
ECOLE DU PELOTON
Pl. 9.
6.e Leçon
Fig. 2
Fig. 3
Fig. 5
Fig. 1
3.e Leçon
Fig. 4
ECOLE DU SOLDAT
Pl. 7.
Fig. 3
Fig. 2
Fig. 1

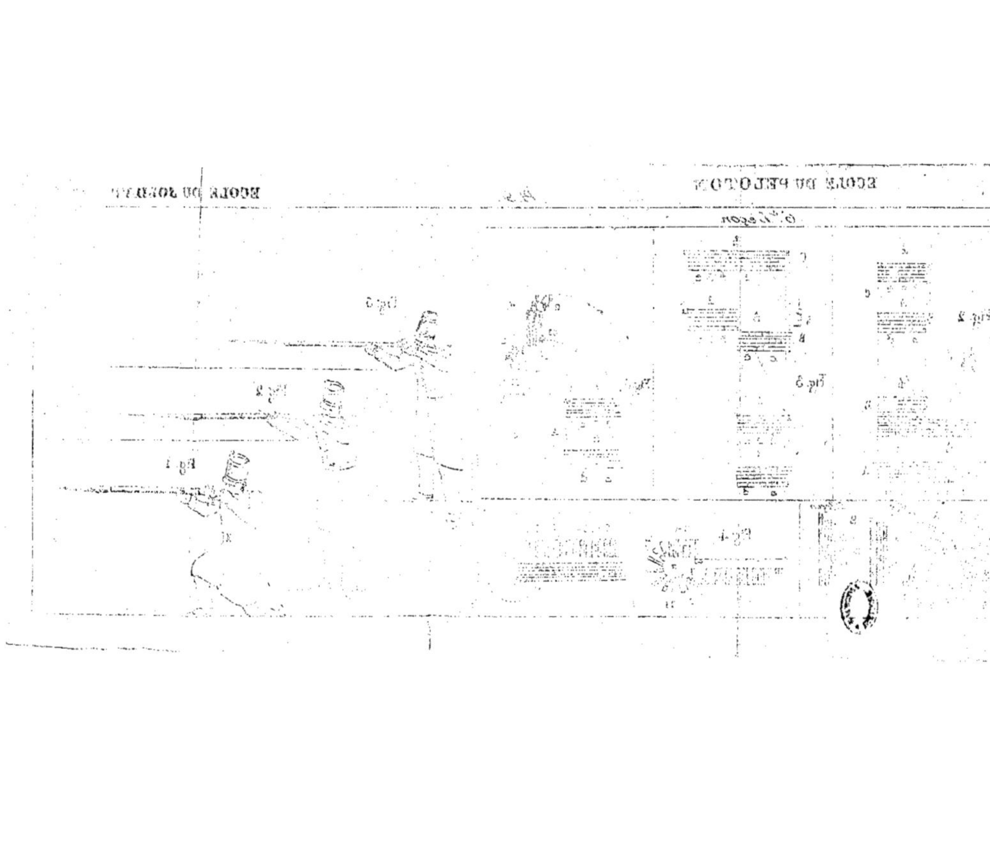

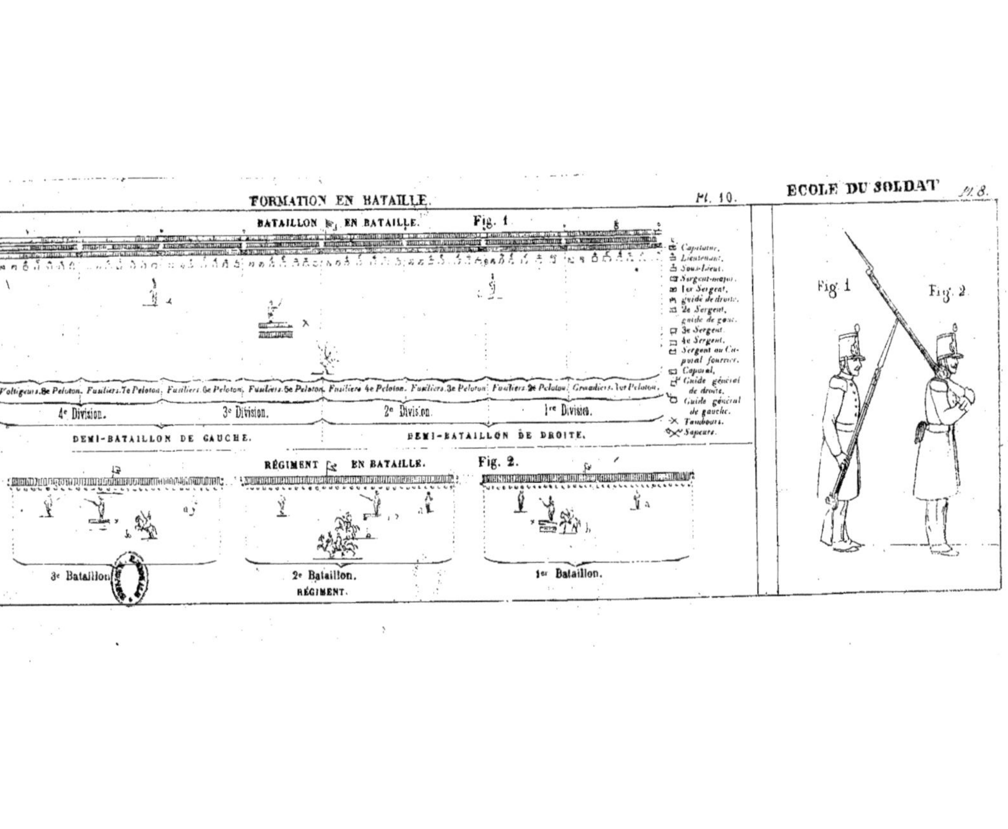
FORMATION EN BATAILLE.
Pl. 10.
BATAILLON EN BATAILLE.
Fig. 1.
Capitaine.
Lieutenant.
Sous-Lieut.
Sergent-major.
1er Sergent, guide de droite.
2e Sergent, guide de gauc.
3e Sergent.
4e Sergent.
Sergent ou Caporal fourrier.
Caporal.
Guide général de droite.
Guide général de gauche.
Tambours.
Sapeurs.
Voltigeurs.8e Peloton. Fusiliers.7e Peloton. Fusiliers.6e Peloton. Fusiliers.5e Peloton. Fusiliers 4e Peloton. Fusiliers.3e Peloton. Fusiliers 2e Peloton. Grenadiers.1er Peloton.
4e Division.
3e Division.
2e Division.
1re Division.
DEMI-BATAILLON DE GAUCHE.
DEMI-BATAILLON DE DROITE.
RÉGIMENT EN BATAILLE.
Fig. 2.
3e Bataillon.
2e Bataillon.
RÉGIMENT.
1er Bataillon.
ECOLE DU SOLDAT
Pl. 8.
Fig. 1
Fig. 2.

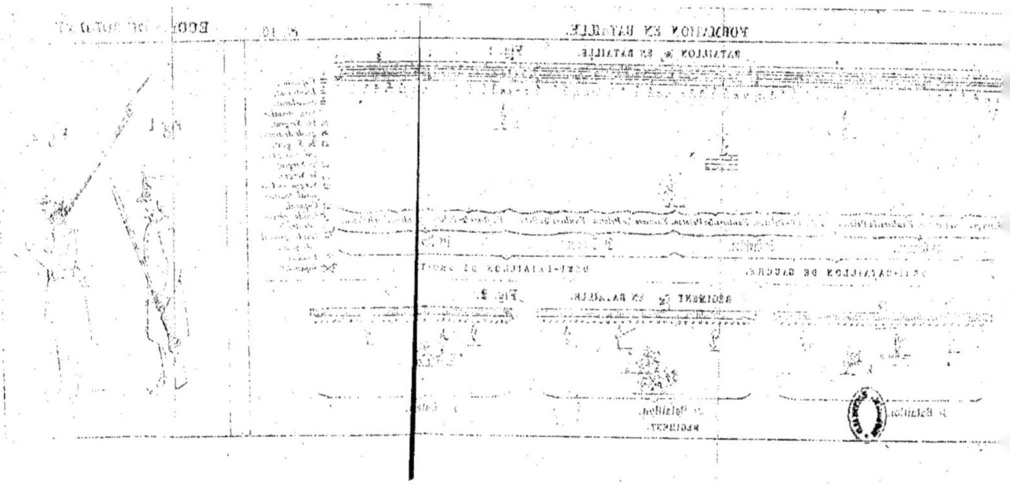

ÉCOLE DU SOLDAT

Fig. 1

Pl. 10

FORMATION EN BATAILLE.

BATAILLON EN BATAILLE. Fig. 1

DEMI-BATAILLON DE DROITE. DEMI-BATAILLON DE GAUCHE.

RÉGIMENT EN BATAILLE. Fig. 2

RÉGIMENT.

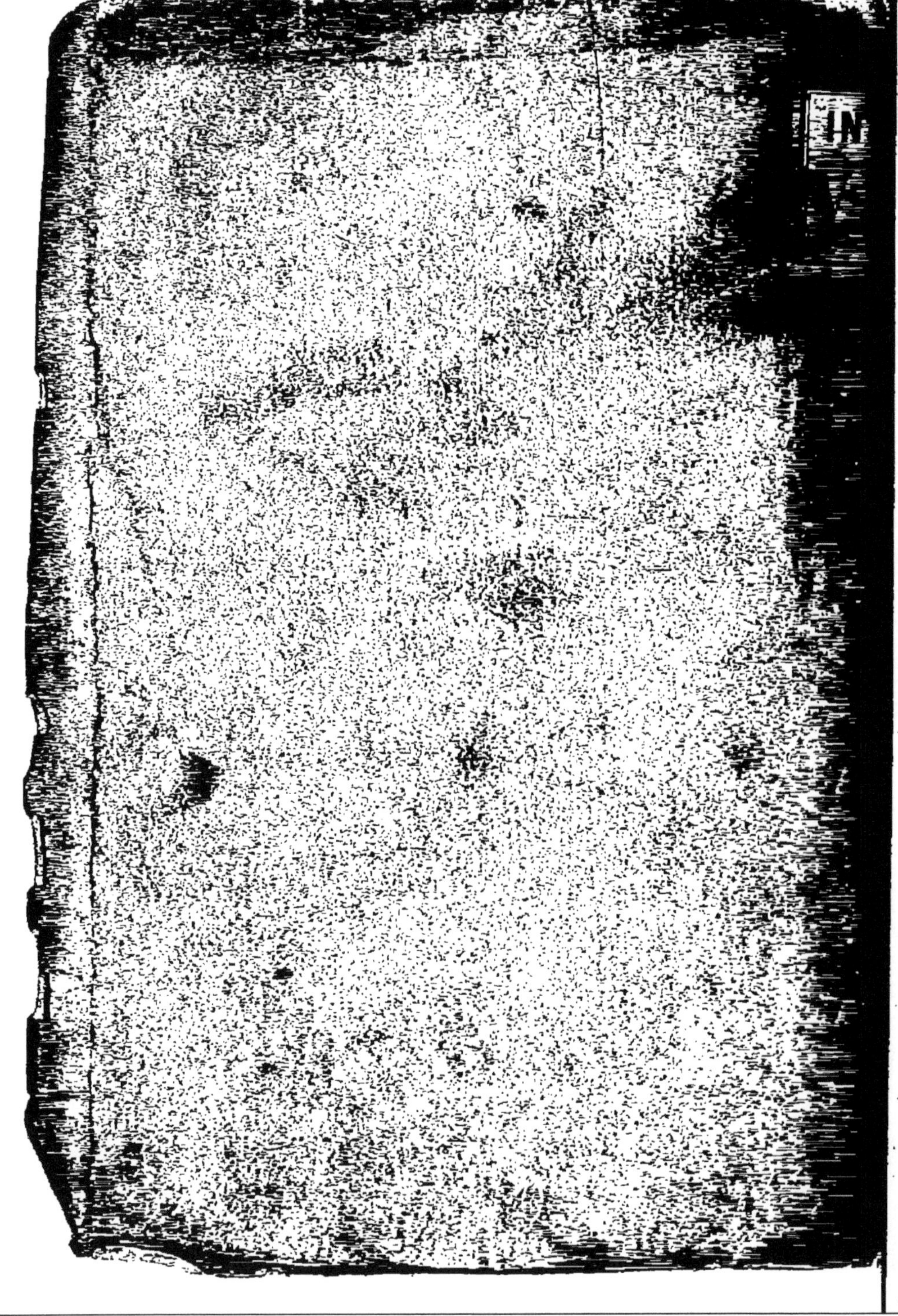

www.ingramcontent.com/pod-product-compliance
Ingram Content Group UK Ltd.
Pitfield, Milton Keynes, MK11 3LW, UK
UKHW022051260726
13993UKWH00001B/50